JN301796

かなの教え

「おふでさき」「天理教教典」入門

中島《なかじま》・秀夫《ひでお》

天理教道友社

はじめに

教祖《おやさま》のたすけ一条の思召《おぼしめし》を知り、その教えにしたがって生きようと努めるところに、天理教の信仰生活は始まります。

教祖はその思召を、まず話してお聞かせくださいました。さらには、筆を執《と》って書いて教えてくださいました。このご執筆の啓示録が天理教原典「おふでさき」です。原典とは、教えの源泉をなす書きものという意味でしょうが、ほかに「みかぐらうた」と「おさしづ」があります。

二代真柱様は、その内容の性格を次のように論じられました。

「おふでさきによって原理的規範が示され、これに先立って、みかぐらうたによって生命的教導がなされ、『こふき話』によって神秘的玄奥《げんおう》が語られ、おさしづによって現実的指示が与えられた」（「天理教教義における言語的展開の諸形態」――『みちのとも』昭和35年11月号参照）

親神様の啓示として、もとより、この三原典の間に軽重の差はありません。しかし、それの保存、伝承、原典化の過程を考慮に入れて言うならば、教祖の直筆原本が、欠けることなく現存している「おふでさき」の重さを理解することができます。その意味では、まさに原典の中の原典であると言えましょう。

その「おふでさき」が消滅の危険にさらされたことがありました。教祖のおそばの人たちは必死の思いで守りぬきました。焼却したことにして表に出すことがなかった暗闇《くらやみ》の道中が続きました。昭和三(一九二八)年、念願久しかった「おふでさき」が刊行されて自由に拝読することができるようになりました。当時の人びとの信仰的喜びは想像に難《かた》くはありません。おそらく、やっと教祖にお目にかかることができたと感じた人もあったのではないでしょうか。

いまではもはや「おふでさき」を伏せた暗がりの道を通る必要がなくなったのです。私たちは思いきり「おふでさき」に近づき、「おふでさき」に拠《よ》りながら信仰生活の基本を培《つちか》い、「おふでさき」に親しむ歩みの中で天理教を信ずる者としての姿勢をととのえることを心掛けることが、何よりも大切であると思うのです。

『天理教教典』は、天理教原典に基づいて編纂《へんさん》された教義書です。昭和二十四年に発表されました。

天理教教会本部の名において教理の大綱を説明したものですから、教理伝達の基準とされています。また、教理展開の元をたずねていけば、おのずから三原典に行き着きます。原典に基づいて組織立てられた説明だからです。その意味で、天理教原典への手引書であるとも言われます。したがって、天理教の教理を知ろうとするならば、まず『天理教教典』に学ぶ必要があることになります。教典が指さすほうに目を向けて、教理原典への道をたずね、その真理にふれながら、教典が説くところを再認識することになります。このようにして読み深めながら、天理教についての理解を確実にする必要があると思うのです。

目次

「おふでさき」を味わう

荘重な響きをもつ序章のご宣言

よろつよのせかい一れつみはらせど
むねのハかりたものハないから　一　1
そのはづやといてきかした事ハない
なにもしらんがむりでないそや　一　2
このたびハ神がをもていあらハれて
なにかいさいをといてきかする　一　3

私たちが信仰生活の足どりを間違いなく進めるために、最も確かな道標《みちしるべ》とされているのが、「原典」と呼ばれている三種類の書物、「おふでさき」「みかぐらうた」「おさしづ」です。それぞれ、教祖《おやさま》が「神のやしろ」とお定まりになってから明かされた親神様の思召《おぼしめし》、親神様のお言葉を内容にした書物ですから、信仰する者にとっては、心の拠《よ》りどころ、行いの規範、定規《じょうぎ》となる何よりも大事な書物なのです。

ところで、おふでさきは三つの原典の中でも、教祖がみずから筆をお執《と》りになって記し教えられたもので、そのご執筆の原本が大切に伝えられ、現存しています。その意味でも、とくに重要であるといえましょう。

おさしづの一節に、こんな意味のお言葉があります。

「神はすべての人間をたすけるため、これまでに、どのようなことも言って聞かせてきた。しかし、いくら諭しても、人間はすぐに忘れてしまう。だから、筆を執って『ふでさき』という形で教えておいた。こうして『ふでさき』と言うと、忘れないためのものということで、ともすれば、軽く見るむきがあるかもしれない。だが、『ふでさき』は決して軽いものではない。それどころか、むしろ、神の話の台となり、展開の原理となる重要な教えを内容としたものなのである」(明治37・8・23参照)

こうしたお言葉の意味を考えてみますと、おふでさきこそ、原典の中で、かなめの位置にあるものと考えることができます。

私たちは、この、おふでさきが照らし出す行方《ゆくえ》を見つめながら、信仰の世界の内奥《ないおう》へと、一歩一歩分け入ってゆくことになるのです。

まさしく、天理教の信仰生活とは、おふでさきに求め、おふでさきに学び、おふでさきを味わい、おふでさきに導かれて進む日々のことです。冒頭にあげたおうたは、

「世界中、すべての時代を見渡したところ、だれ一人として、世界たすけの神の心を理解している者はいない。これまでに一度も説いて聞かせたことがないのだから、知らないのも無理のないことである。このたびは、神が世界の表へ現れて、世界たすけのための真実を、すべて事こまかに説き明かそうと思う」

という意味だと思います。まことに荘重な響きをもった序章のご宣言であると思わずにはおれません。それが大きな力となって私の心に強い感動を呼び起こします。こうして、私は限りなく、おふでさきの世界に魅《み》せられてゆきます。

勇んだ心こそ明日の人生をひらく

だん〳〵と心いさんてくるならバ
せかいよのなかところはんじよ　一　9
このさきハかくらづとめのてをつけて
みんなそろふてつとめまつなり　一　10
みなそろてはやくつとめをするならバ
そばがいさめバ神もいさむる　一　11

ここに見られる「よのなか」という語句は、「よんなか」とも読まれる方言で、作物の実りが豊かであること、豊作のことのようですが、そうしますと、全体を次のような意味に理解することができるのではないでしょうか。

「神が世界中の人間を勇ませようとしてはたらくことになれば、次第に人びとの心が勇んでくるであろうし、みんなの心が明るく勇んでくるならば、その勇んだ心にのって、神のほうも、進んで豊かな恵みを与えることになる。そうすれば、世界中は実り豊かに、至るところで繁栄の喜びを見るようになるであろう。

神はそうなるようにとの思いをもって、この後、いよいよ〝かぐらづとめ〟の手を教えることになる。そのため、みなが一つ心にそろって、教えたとおりに勤めるときがくるのを、ひたすらに待ち望んでいるのである。だから、みんな一手一つにまとまって、はやばやと〝つとめ〟をするようにしてもらいたい。そうしたならば、神はその勇んだ姿に応じて、勇んだ守護を見せるであろう」

ここで何よりもまず感じとることができたのは、勇むことの大切さです。勇むということは、生かされている真実を知り、進んでいまを生きる高揚した精神のはたらきと言えましょう。元の理、たとえば、人間はみな一様《いちよう》に「陽気ぐらし」させたいという親神様の創造の思召《おぼしめし》を魂に刻んだ存在であることに目覚めた眼《め》をもって、いまあること、いまを生きることに積極的な意味を見いだしてかかわる心であると思います。

今日、新聞やテレビが報ずる事件には、大小にかかわらず、生きる希望の灯《ひ》を消させるものが多いような気がします。けれども、こんな時代だからこそ、なお一層、勇むことが必要なのだと思わずにはおれません。沈んだ心、萎《な》えた心からは何も生まれてはきません。勇んだ心、はずんだ心こそ、明日の人生をひらく力であると言えるからです。

おさしづの一節に、「皆勇んですれば、色も出る、薫《かお》りも出る」（明治40・3・22）という言葉があります。できることならば、私はいつでも、どんな中にあっても、勇気をもって、そこを「よし」と引き受けて生きる力をもっていたいものだと思います。そして、この世界を明るく彩《いろど》り、すがすがしい薫りによって満たしたいものだと願わずにはおれません。

おつとめによって得られる勇んだ人生、勇み心で勤めるおつとめ、これが信仰の核心ではないでしょうか。

歩きつづけてよかったと心から思える瞬間

やまさかやいばらぐろふもがけみちも
つるぎのなかもとふりぬけたら　　一47
まだみへるひのなかもありふちなかも
それをこしたらほそいみちあり　　一48
ほそみちをだん〲こせばをふみちや
これがたしかなほんみちである　　一49

第一号　47—49

むかしから、道はいろいろなものにたとえられていますが、とりわけ、人生にたとえて言うことが多いようです。私たちも、この天理教の信仰を指して「お道」と呼んでいます。考えてみると、信仰生活とは道を求める歩みでしょうし、道は通るべきもの、教えは信仰的に実行するべきものという意味が、おのずからにじみ出ていて味わいがあります。

ともかく、道ということですから、それはどこかに通じているはずです。けれども、そこに到達するまでには、途中、いろいろな過程のあることが予想されます。山道も、坂道も、わかれ道も、袋小路《ふくろこうじ》もあるでしょう。舗装《ほそう》されて真っすぐに伸びている道も、反対に、起伏やカーブの多い道もあります。それに、でこぼこの悪路だってあるでしょう。しかし、目的地へ近づくためには、やはり、この道を行くことが大切なのです。

最初にあげたおうたは、

「山道ともなれば、歩きにくい坂を上ったり下ったりしなければならないし、ぐろふ（ぐろ）は茂み、草むら、叢生《そうせい》する所の意味ですから、茨《いばら》が群《むら》がり生《お》い茂っている所をかき分けて行かなければならない。また、一歩踏みはずせば、千尋《せんじん》の谷底に落ち込んでしまう危険な崖道《がけみち》もある。そこを注意深くたどって、なおも剣《つるぎ》に囲まれた中を命がけで通り越して進むその先で、さらに、燃えさかる火の中や、底知れぬ深淵《しんえん》を越えて行かなければならない。

そんな道を通り抜けて、やっと、細いけれども道らしいものが見えてくる。その細道を着実に歩いていくと、ついには、広く大きな道に到達する。それこそが確実に目的地に通ずる本当の道なのである」

というような意味ではないでしょうか。

ところで、だれしも次のような経験をもっているにちがいありません。

道を歩いていて、坂道を息はずませ、重くなった足を引きずって、やっと峠にたどり着いた瞬間、ぱっと視界が開け、眼下にひろがる素晴らしい光景。その光景にしばし我《われ》を忘れるといった経験です。それは、つらい道中もあったけれど、歩きつづけてよかった、引き返さなくてよかったと、心の底から思える瞬間だと思うのです。

日々の信仰生活の歩みにおいても、同じようなことが言えると思います。ですから、私たちは親神様の教えに沿い、教祖ひながたの道を見つめて、迷うことなく、この道を歩いていきたいものです。通ってこそ道という、とも言われます。続いてこそ道という、などとも聞きますから。

天理教信仰の温かい感性

にち〳〵によりくる人にことハりを
ゆへばだん〳〵なをもまあすで　二 37
いかほどのをふくの人がきたるとも
なにもあんぢな神のひきうけ　二 38

「まあす」というのは、まつわりついてくるという意味の方言のようですから、このおうたは、

「日々をやを慕って寄ってくる人に断りを言えば言うほど、ますます多くの人が慕い寄るようになる。そうなると、をやの身を案じてみな、いろいろに心を使うであろうが、決して心配する必要はない。神が引き受けて守護しているからである」

という意味になるでしょう。

第二号は明治二（一八六九）年のご執筆ですから、いよいよこれから、干渉や中傷、反対や攻撃が始まろうとする前夜のような時期です。そうした状況は明治八年くらいから次第に激しくなり、十五、六年ごろから二十年にかけて、激しさは頂点に達している感があります。そんな状態は、中山眞之亮《なかやましんのすけ》・初代真柱様の手記の中に、かざり気のない筆づかいで、いきいきと述べられています。

とくに、十五、十六、十七年の三カ年くらい、初代真柱様は、着物を脱いでおやすみになることすらできず、長椅子《いす》にもたれて、うたた寝をなされるだけであったようです。家族以外の者を中へ入れていないかどうか、夜昼なく何度も取り調べに来る巡査を、ひと間ひと間、屋敷中くまなく案内しなければならなかったからです。二十歳《はたち》にもならない若い真柱様のご心労はいかばかりだったでしょうか。涙をのんで「参詣《さんけい》人御断り」の貼《は》り札を出したのですが、教祖を慕って寄ってくる信者は引きも切らず、時には、見張りの目を盗んで入ってくる者、貼り札を破る者も出てきました。

こんな中で、信者が来ない日はありませんでした。また、取り締まりの巡査がやって来ない日も、一日だってありませんでした。私たちが持ち合わせている常識では、とても考えられないことですが、大変な状態だったことは十分に想像できます。しかし、そんな厳しい取り締まりがあったにもかかわらず、教祖をお慕いして寄ってくる人びとは、増えることはあっても、決して減るようなことはなかったのです。

おさしづの中に、こんな一節があります。

道という、理という、何《なん》でも彼《か》でも尽《つ》した理は立てにゃならん、立たにゃならん。来《き》なと言うても来るが一つの理から成り立った。この道という、最初何ぼ来なと言うても、裏からでも隠れ忍びて寄り来たのが今日《きょう》の道。（明治32・5・16）

教祖にたすけていただいた喜びを抑えきれなくて、教祖が恋しくて、なつかしくて、いくら来るなと断りを言われても、寄ってきてできたのが、この道の歴史であることを示されたものです。

考えてみれば、これが天理教信仰の温かい感性なのかもしれません。

生きる力は信から生まれる

どろうみのなかよりしゆごふをしへかけ
それがたん／＼さかんなるぞや　三　16
このたびハたすけ一ぢよをしゑるも
これもない事はしめかけるで　三　17
いま、でにない事はじめかけるのわ
もとこしらゑた神であるから　三　18

第三号　16—18

世界たすけのために、親神様は、できるだけ早くおつとめを教えようとされます。そのことは、第一号早々のあたりで、すでにおつとめに言及されているところからもうかがえます。この一連のおうたは、たすけづとめの意味を人間創造の元の話に寄せて明かそうとされたもので、こうした話の筋書きは、これからの号でも、しばしば見いだされます。

このおうたの意味は、

「ものの象《かたち》が何もない、どろ海のようなところから、神がいろいろな道具・雛型《ひながた》を寄せて、人間をつくり、なすべきはたらきを教えた。そうして人間世界が創《はじ》められ、次第に、いま見るようなところにまで生成発展してきたのである。それなのに、いま、かならずしも人間は幸福ではない。だから、このたび、神は人間をたすけたいいっぱいの思いから、世界たすけの真実を教えようと思うのであるが、その教えも、いまだかつてなかったことを明かすことになるであろう。このように、いまだかつてなかった不思議なはたらきを現すのは、ほかでもなく、この人間世界をつくり成した元の神だからこそできることである」

というものでしょう。

つくられたものは、つくり主のことを、みずから知ることはできません。言うまでもない道理です。創造の過程は、すべてをつくった者だけが知るところです。ですから、私たちがそれを知ることができるのは、この人間世界を創められた親神様から教えられることによって以外にはありません。人間は何のためにつくられたのか、本当の生き方とは何かということも、どうすればそれが実現できるか、どうすればたすかるか、などということも、それらは人間創造の元の神が教えられるところを信ずることによってのみ得られる認識なのです。

私たちは、ふつう、知性の計算が成り立ったところで安定し、計算が合わないときには、生きるうえでの腰の据《す》わりがわるくなるものです。しかし、つきつめて考えてみると、疑うところからは、決して生きる力は生まれてきません。一歩を踏み出す勇気も湧《わ》いてはきません。生きる力は信ずるところから生まれてくるものです。たとえば、信号が赤だから立ち止まる。青になったから前へ進む。こんなことだって、みんながルールを守っているのを信じているからこそできることなのです。

「もとこしらゑた神であるから」教えることができると述べられる親神様のお声を頼りに、陽気ぐらしに通ずるこの道を迷わずに歩いていきたいものです。

救いのサインを心澄まして解読する

たん／＼となに事にてもこのよふわ
神のからだやしやんしてみよ　三 40
にんけんハみな／＼神のかしものや
なんとをもふてつこているやら　三 41

この三号40のおうたは、同じ三号の135にも出てきます。強調されるべき教えのかどめだからであると思います。

ここにあげた二首は、

「一つひとつよく思案してみるがよい。この世界にあるもののすべては、いわば『神のからだ』なのである。その意味では、おまえたち人間の身体《からだ》も、すべて神が貸しているものにほかならない。そのことを知らずに、いったい、みなの者はどう思って、それを使っているのであろうか」

というように理解できるかと思います。

このおうたに接して、私たちがまず心に刻みつけておかなければならないのは、すべての事柄は、親神様のおはからいの中にあるという理解です。これを生き方の要領とするところに、信仰生活の基礎がかたまってきますし、そこに磨きもかかってくると思うのです。

ところで、この世界、と言っても、それはこの地球的世界よりもっと広い、この宇宙を「神のからだ」であると表現されているわけですが、それは決して親神様の存在そのものについて説明されたものではないと考えます。すべてを神であると見る汎神《はんしん》論《ろん》のようにも聞こえますが、決してそのような話ではありません。それは私たち人間に、よりよく生きる道をつかませようと思召《おぼしめ》される親心の流れの中で、読み取るべきおうたであると思うのです。

親神様は、いつでも、どこでも、世界たすけの御心《み》をもって、ご守護くださっているのです。そして、そのたすけ一条の御心を、みずからのからだと教えられる世界のあらゆる物事に託して表し、導いてくださっているのです。言うまでもなく、貸しものであると述べられる私たちの身体を通しても、というより、貸しものだからこそ、なお一層のこと、親神様の救済の意思が、そこにいきいきと明かされることになります。身上のわずらいを「てびき」と言い、「ていれ」と教えられているのも、そのあたりの事情をさしています。

このように考えますと、私たちは人間の身体をはじめ、世界に広がるすべての存在、すべての物事を通して明かされている、言葉ではない親神様の言葉に、心の耳を傾けなければならないと思うのです。

私たちは、あらゆるもの、あらゆることを通して、絶えず呼びかけてきてくださる親神様の救いのサインを、親心のメッセージを、求道の真実を鍵《かぎ》にして、心澄まして解読していくべきであると思います。そう思うと、自分を取り巻いて広がる世界が、にわかに深い意味をもって近づいてくるのを感ぜずにはおれません。

百十五歳定命の視点からの人生観

ほこりさいすきやかはろた事ならば　三 98
あとハめづらしたすけするぞや
しんぢつの心しだいのこのたすけ　三 99
やますしなずによハりなきよふ
このたすけ百十五才ぢよみよと　三 100
さだめつけたい神の一ぢよ

第三号　98―100

人間この世に生を享《う》けたならば、いつまでも楽しい生活を続けたいと思うものです。古今東西、いずれを問わず、不老長寿への願いは、だれしもが共通にもっているものでありましょう。けれども、その願いもむなしく、むかしから多くの人びとが病にたおれ、あるいは身の衰えをかこち、生への断ちがたい思いをいだきながら、この世を去っていきました。病むこと、老いること、死ぬこと、それらは容易には解けそうにない人生の大きな課題となっています。

そんな現実に向けて、親神様は、元の神ですから当然でしょうが、目を見張るほど、はっきりした口調で明るい希望を投げかけられました。このおうたも、まさにその一例です。

「ほこりにたとえて教えた心づかい——をしい、ほしい、にくい、かわい、うらみ、はらだち、よく、こうまん、それに、うそとついしょう——さえ、すっきりと拭《ぬぐ》い去ることができたならば、あとは、めずらしいたすけを見せるであろう。そのめずらしい守護は、おまえたちの真実の心次第に見せることになるが、それはたとえば、定命《じょうみょう》を全《まっと》うするまで途中で病むことなく、死ぬことなく、そして弱ることのない、輝いた人生の実現である。また、このたすけとして、神は人間すべての者の決まった寿命を、百十五歳に定めようと思う。それが世界のたすけ、神のひたすらな思いなのである」

このような意味であろうと思います。

これは、単に明るい希望というよりは、やはり「めづらしたすけ」の事例を示されたものと言う以外に、言いようはありません。なお、このおうたに接するとき、私にはもう一つ、強く印象づけられるものがあります。それを、あえて突出した言い方で、人生賛歌と表現してみたいと思います。

たとえば、百十五歳と決められた生涯を――望むならば、それ以上も――病まないで、死なないで、弱らないで生きることができると教えられているわけですが、それは、すぐれてこの世的な理想の指摘ではないでしょうか。救いの理想が、あの世でのものではなく、この世の暮らしの完成、この世の生き方の拡充、本来的人生の開発・実現ということですから。この明るい人生観の強調は、きわめて重要だと思うのです。

私たちは百十五歳定命という視点から、それぞれ、どんな人生設計を立てることができるでしょうか。明るく楽しい夢を見ることができそうです。ここで、私たちは真実の心を定めて、信仰生活の歩調をしっかり整えたいものだと思います。

道の行く手に見えてくる往還道

いまのみちなんのみちやとをもている
なにかわからんみちであれども　四 1
このさき八をふくハんみちがみへてある
もふあこにあるこゝいきたなり　四 2
このひがらいつの事やとをもている
五月五日にたしかでゝくる　四 3

第四号のご執筆は明治七（一八七四）年ですから、暗がりではないにしても、まだ心細い道中であったと思います。そんなころのおうたですが、冒頭から、何か前方がぱっと明るく開けるような感じが与えられます。

その意味を、

「いまの道がどんな道か、現れている姿からすれば、かならずしも広くはないし、この先どうなるのか頼りない道のように思えるかもしれない。しかし、この道の行く手には、往還道《おうかんみち》――自由に行き来できる広く大きな道――が見えてきている。その道は、ほら、あそこにあるではないか。もう、こんな所にまで来ているのである。と、こう言っても、おまえたちは、いまの状態からして、その往還道に出られるのはいつの日のことかと、いぶかしく思うかもしれない。けれども、その兆《きざ》しは五月五日には確実に現れてくるから、よく見ているがよい」

というように理解します。

考えてみますと、いまでこそ、この道も、世界からその活動を注目されるようになりましたが、これまでにはずいぶん長いあいだ、草生えの道なき道をたどった歴史があるのです。

このおうたを書かれた翌年の明治八年から、教祖は、中南《なかみなみ》の門屋にお住まいになっていました。あるとき、南の窓から、一面に竹やぶやたんぼばかりの景色を眺《なが》められながら、おそばにいた人びとに「今に、ここら辺《あた》り一面に、家が建て詰むのやで…

…」と仰せになったと伝えられています（『稿本天理教教祖伝逸話篇』九三「八町四方」参照）。

一面の田畑を前にして、人びとは家が建て詰む様子など、とても想像することはできなかったでしょう。ただ、教祖のお声だけが頼りの日々なのですから。「もふあこにあるこゝいきたなり」というお言葉に、こうした教祖のお姿を重ね合わせてみないではおれません。それは陽《ひ》だまりの暖かさを感じさせるようなお姿です。

ところで、五月五日と具体的な日を指して仰せになっていますので、当時の人びとは、胸ふくらませて何かを期待するところがあったと推測します。その年の六月十八日、陰暦では五月五日のこと、教祖は、かねて三昧田《さんまいでん》の前川杏助《まえがわきょうすけ》様に製作を依頼されていたかぐら面が出来上がって、前川家に保管されていたのを受け取りにお出かけになっています。そのとき初めて、お面を付けてお手振りが行われました。

また、この日に、おやしきへ来ることを予言されていた人たちが、おたすけを求めて帰ってきています。一つひとつ希望の灯《ひ》がともされていくのを見るような感じがします。

積もる思いで〝しるし〟を見せている

いかなるのやまいとゆうてないけれど
みにさわりつく神のよふむき　四 25
よふむきもなにの事やら一寸しれん
神のをもわくやまく〳〵の事　四 26
なにもかも神のをもハくなに、ても
みなといたなら心いさむで　四 27

神様に叱《しか》られた、罰《ばち》が当たったなどと考えるのは大きな間違いです。このおうたは、一つには、そうしたことをも教えてくださっていると考えていいかもしれません。

意味をたどってみますと、

「病気であると言っていること、それが、どんなものであれ、病そのものではない。

だから、病はないのであるが、実際には、容体がわるく悩まなければならないことがあろう。しかし、それは神の用向きなのである。神が世界たすけの仕事に使いたいから、しるしを見せて自覚を促しているのである。ところが、用事があるからと言っても、それがどんなことか容易には分からないであろう。しかし、神としては、山のように積もる思いでしるしを見せているのである。そのたすけ一条の神の思わくを、何もかもすっかり説いて聞かせたならば、みなの心もおのずから勇みたってくるはずである」

ということになるでしょう。

私たちは、「幸福とは何か」と問われると、しばしば答えに詰まってしまいます。だれもが納得できる言い方がしにくいからです。しかし、最小限これだけは言えそうです。それは、自分がいまいることについて何らかの意味を感じとれるときには、生きる充実感があって幸福だということです。そう思うと、このおうたがもっている力が、ずしっとくる重さで感じられてきます。

身を病んでいることを自覚せざるを得ないようなときは、だれしも、精神のエネルギーがゼロに近くなっているものです。生きる希望をなくし、自分のこの世での存在理由を見失ってしまった瞬間です。ややもすると、捨て鉢《ばち》な気持ちに陥《おちい》ることだってあるときです。身を病むことは、同時に心を病むことでもあります。心を倒してしまっては、生きる力は湧《わ》いてきません。病むという現実は、その意味では、最悪の事態であると思います。

そんなときに、このおうたを通して伝わってくる親神様の温情が、どんなに大きく深いものか。このようなおうたに接して感動の涙を流す人も、きっとあるにちがいありません。

「用があるから、そのことを知らせているのだ」と呼びかけられる親神様のお声を頼りに、その親心にすがって、たとえどんなときでも、生きる意志だけは失わないで、精いっぱい、親神様の御用を見つけて励みたいものです。

見えていないことを説き諭す

いまゝでハがくもんなぞとゆうたとて
みゑてない事さらにしろまい　四 88

このさきハみへてない事だん／＼と
よろづの事をみなといてをく　四 89

よく、宗教とは超合理の世界であるとか、非合理ゆえに信ずる、などと言われています。信仰のある人生とは、たとえば、一プラス一は二になるというような常識の世界を超え出たところに、あるいは、そこを突き抜けて掘り下げた深みに根を張った人生であると思います。ここにあげたおうたは、そのあたりの事情を指しています。

「いままでは、学問は不明なところを分からせるようにするから、たいしたものと言ってきたが、いくら学問でも、現れていないこと、手がかりのないことは、全く知るすべもないであろう。しかし、これからは世界たすけを進めるため、神がだんだんに、見えていないことを説いて諭すことにする」

という意味でありましょう。

人間にとって未知の物や事柄は、なかなか信じられません。おつとめによる救済の実現は、全く未知の事柄です。学問を超えた世界のことです。ですから、このおうたを受けて、次のような意味のおうたが続いています。

「これから追々《おいおい》に、この世界を創《はじ》めてから、いまだかつてなかったつとめを教え、手振りを教えるなど、実行の段取りにかかることにする。このつとめこそ、世界中すべての者をたすけるための方途《ほうと》であって、たとえば、ものが言えない者でも、このつとめの理によって、ものを言うことができるようにする」（四号90〜91参照）

というものです。私はこのおうたを拝するとき、いつも、あの大和《おやまと》神社の事件を思い起こします。

それは明治七（一八七四）年陰暦十月のある日のこと、教祖が、仲田儀三郎《なかたぎさぶろう》と松尾《まつお》市兵衛《いちべえ》の両名に命じて、大和神社へ出向き、神の由来をたずねさせられたことに始まる事件です。その翌日、石上神宮《いそのかみ》の神官ら五名が取り締まりの目的をもってやって来ました。このとき、教祖は親しくお会いになり、親神様のご守護について教え諭されました。「それが真《まこと》なれば、学問は嘘《うそ》か」と詰め寄る神官たちに対して、教祖は、厳然として「学問に無い、古い九億九万六千年間のこと、世界へ教えたい」と仰せになりました。

考えること、追究すること、いつ、どこで、だれにでも通用する知識を求めることは、親神様からのたまものである知恵のはたらきです。それを恵みと感じるのは大切だと思います。けれども、それに溺《おぼ》れ、それをおごるのは大きな間違いです。

私はこのおうたの中から、元の神である親神様から伝わってくる無限の力を感じとることができます。

たがいに等しいたねを宿す者として

いま、でハ高い山やとゆうている
たにそこにてハしけんばかりを　四 120
これからわ高山にてもたにそこも
もとはじまりをゆうてきかする　四 121

おふでさきの記述の中には、数多くの譬喩《たとえ》が用いられています。あるいは水やほこりにたとえ、あるいは道にたとえ、さらには農事にたとえるなど、いろいろです。ここで言われている高山や谷底というのも、やはり、社会の状況を地形にたとえて説かれたものです。すなわち、高山とは、社会的に高いところにいる人たちをさし、反対に、谷底とは、社会の下層部にいる人、下積みになっている人たちを意味する表現であると思います。

その意味を踏まえて解釈すると、

「いままでは、とかく社会の上層部にいる者が、その権限を笠《かさ》に着て、高みからものを言ったり、ふるまったりしてきた。そのため、ややもすると、下積みになっている者の間で、気持ちを落とし、心沈ませて、生きる希望を失いそうな状態がみられた。こんな状態は、人間世界をつくった神の思いから遠くはずれてしまったものである。だから、これから神は高山の者にも谷底の者にも、一様《いちよう》に、神が人間をつくった元初《もとはじ》まりの話をきかせようと思う」

ということになると思います。そして、さらに、

「そもそも、この世界創造の元初まりというものは、全く何もないどろの海であった。その中を見澄まして見いだされるものは、どじょうばかりであった……」（四号122参照）

というふうに、元初まりの真実を明かされる話が続いていきます。

この元初まりのお話で最初に確かめられることは、もともと、すべての人間は、だれかれなく一様に、平等であるということです。「高山に暮らしているも、谷底に暮らしているも、同じ魂」（十三号45参照）とも教えられています。創造のときの人間の「た

ね」を、どじょうとされたというわけですが、なぜ、どじょうなのかという問題の説明を抜きにして言うと、人間がみな、どじょうを「たね」とした存在であるとみる理解は重要です。その視点に立てば、現実にみる高山、谷底というのは、表面の姿ということになります。当然それは変わるものです。ですから、私たちは、いたずらに、うわべの多彩な変化の局面にこだわることをやめるべきなのです。

いま、ここでの生き方において、高みに立っておごらず、低きについてみずからをさげすまないことが大事だと考えます。たしかに現実は、いろいろな意味で、力の強い者や弱い者があり、立場の高い人も低い人もあって、さまざまです。しかし、その状態は永遠に動かないものではありません。親神様は、ろっくのぢ（平らな地）に踏み均《な》らすと仰せになっています。私たちは、元の理に目覚め、神の子として、たがいに等しいたねを宿す者としての自覚をもって、しっかりと歩いていきたいものです。

人間としての存在の根を肥やす

ゑださきハをふきにみへてあかんもの
かまへばをれるさきをみていよ　五 42

もとなるハちいさいよふでねがえらい
とのよな事も元をしるなり　五 43

三角錐《すい》は据《す》わりが良くて安定しています。基底部分が大きければ大きいほどそうです。それをさかさまに立てれば、たちまち倒れてしまいます。文化にしても、そうです。長い歴史の厚みによって広く根を張った文化は簡単に消滅することはありません。その意味では、いわゆる泡沫《ほうまつ》文化とは根をもたない文化であると思います。根源の意味がしっかりしていないわけです。

「根無し草」という言葉がよく使われます。ふわふわ揺れ動いて主体性が無い状態を表現する言葉です。ですから、本来の生活を実現し、確立することができるかどうかの問題においては、元を知っていること、元がしっかりしていることが重要となります。

ここにあげたおうたは、このあたりの消息を、根と枝の譬喩《たとえ》で教えられたものであると思います。

「一本の木で言うと、幹から次々に伸びていっている枝先は、大きく広がり、花を咲かせ、実をつけて立派に見えるが、事実は、その大きさに反して、もろいものである。だから、ちょっとさわりにいくと、簡単に折れてしまうことがある。これと同じように、ただ枝先の繁栄、形の立派さに目をうばわれていると、将来に希望がもてなくなるものである。この点を心得て、この先よく見ているがよい。それに対して、元のほうは、大きく広がった枝先の姿に比べると、たしかに小さい。しかし、大地に深く大きく根を張って、伸び栄えていく枝先をしっかりと支えているのである。だから、何ごとにおいても、元を知ることが最も大事になる」

という意味にとれるでしょう。

私たちは、人間を創《はじ》め出した元の神様が明かされる人間創成の真実を知ることによって、初めて人生の行方《ゆくえ》を見定めることができるものです。生きるうえでの腰の据わりがしっかりしてくるものです。元なる親神様によって明かされたもの、それは言うまでもなく、世界たすけの真の道筋です。そこで、まず確認できることは、教祖こそ、人間創造の元なる神様の理を実現される元なるをやであらせられること、ぢばは人間創造の元の地点であることです。そして、それだからこそ、そのぢばに据えられる「かんろだい」を芯《しん》として、親神様の創造のご守護を象徴的に表現したものと教えられるおつとめによって、創造の元なる目的にふさわしい、陽気ぐらしの人生が実現するということです。

まさしく、私たちの信仰生活は、親神様を知り、教祖を慕い、元のぢばに真実をはこんで、人間としての存在の根を肥やし、鮮やかな色つやをもつ人生を実現していくことであると考えます。

「根を掘る」とは樹木全体を確認すること

はや〳〵としやんしてみてせきこめよ
ねへほるもよふなんでしてでん　五64

このよふのしんぢつねへのほりかたを
しりたるものハさらにないので　五65

このねへをしんぢつほりた事ならば
ま事たのもしみちになるのに　五66

第五号　64―66

行く末の繁栄を願うならば、まず、根を肥やさなければなりません。これについては、前に、根と枝との譬喩《たとえ》によって教えられたものを取り上げました。これは、すべての事柄について言える真理です。ですから、私たちは、いつでもどこででも、物事の根源に対して、大きく眼《め》をひらく姿勢をくずしてはならないと思います。私たちが人間として本当の生き方をしようとする場合には、なおさらのことでしょう。このおうたは、そうした点を教えられているように思います。

ところで、前回に取り上げたおうた（五号42・43）は枝先と根の譬喩でしたが、今度の場合も、やはり、根もとの大切さを示唆《しさ》するものです。根を掘るという表現をとって、すべての物事の成り立ちの根源を知るべきであることを話題にした譬喩になっています。

ここで、根を掘るというのは、問題を掘り下げるという表現もあるように、物事の原因、本質などを追求し、究《きわ》め、そして、明確に理解するという意味に使われていると思います。枝先と根の譬喩の場面で言えば、根を掘り出してしまったら樹木が枯れてしまう、などという議論も出てきそうですが、もちろん、そういう文脈ではありません。樹木には幹があり枝があって、大きく広がる姿形をつくっていますが、それも、幹や枝を支える根があってのことです。その根を掘り出すということは、その樹木を支える根を明らかにすることであり、したがって根も幹も、そして枝も葉も、というように、樹木全体を確認するということになるでしょう。

ですから、この三首のおうたの意味は、次のように解されます。すなわち、直前のおうたを受けて、

「そんなふうに、いつまでも、うっかりしていてはならない。はやく、神の思いを思案し、そのうえで、すべてのものの根を掘り、元の真実を明らかにする方法を急いで講じるようにするがよい。いったい、どうしてそれをしようとしないのであろうか。この人間世界の根本を、どのようにして知ることができるのか。そのすべてを知っている者は、だれ一人としていない。だから、どう歩いたらよいのかを知らず、まことに頼りない道を歩くことになってしまうのである。実は、この根を確実に掘り起こすことができさえしたならば、人間世界の真実の意味も明らかになって、本当に安心できる、間違いない道を歩けるようになるのに――」

届かぬところなく心を砕《くだ》いてくださっている親神様のご守護、生き惑っている身のかたわらへ、そっと手をさしのべてくださるような親心を感ぜずにはおれません。

親神様だけがなしうる力を見せられる

このよふをはじめかけたもをなぢ事
めづらし事をしてみせるでな　六 7
このよふをはじめてからにないつとめ
またはじめかけたしかをさめる　六 8

全く何もないところから、人間をはじめ一切のものを創造するということは、どう考えてみても、私たちの理解の手が届かない事柄です。それこそ、ひたすらに聞いて了解する以外には道のない、不思議な事柄であると言わなければなりません。ですから、このおうたは、

「何もないところから、この人間世界を創《はじ》めたはたらきと同じように、これからめずらしいことを実現して見せようと思う。それは人間世界を創めてから、いまだかつて

なかった〝つとめ〟を教えるということである。そして、その実行を促し、人間世界創造に見せた不思議なはたらきを、いまや世界たすけの守護として、ふたたびここに現して、世界の真実の治まりを実現して見せようと思う」という意味になると思います。

何もないところから、すべてのものをつくり出したということ、つまり創造の守護というのは、絶対の力、比べるものがない親神様のおはたらきを、最も端的に表現する言葉づかいであると考えます。私たちが持ち合わせている知恵では、とても手に負えない、説明のつかない領域のことになります。その意味では、真っ暗な世界のことです。考えられるところを超えた事実であると言わなければなりません。

そうした不思議なはたらき、めずらしい事実を、いま現実のものとして見せてやろうと仰せになっているのです。言い換えると、親神様だけがなしうる力を見せようとされるのです。何のためにか。言うまでもなく、人間をたすけてくださるためです。人間世界を創造された神様だからこそ、間違いなく、人間をたすけることもできます。おつとめは、そのために教えられました。親神様が、おふでさきを通して私たち人間にお急《せ》き込みになっているのは、おつとめの段取りを進めることであり、おつとめを実行することです。

ところで「おつとめによってたすける」などと言われますと、どうしても人間の知性はつまずいてしまいます。論理的に整えられないからです。いまだかつてなかったこと、めずらしいことに近づくことは、たしかに容易なことではありません。しかしいまや、そうした私たちの知恵にとって全く見通しがきかない真っ暗な次元の出来事が、象徴的に明かされたのです。それが、根源の真理ですし、その表現がおつとめなのです。

ですから、あえて言えば、それは元なるぢばを芯《しん》として、人間創造の聖なるドラマが行じられるものということになります。そこから、親神様による、新たな創造とも言える救いの守護が躍動するわけです。その意味で、私たちの信仰生活は、おつとめに向けて信仰心を凝縮させ、おつとめを軸にして回転するものでなければなりません。

心のもやを払い、澄んだ心になる

せかいぢうをふくくらするそのうちわ
一れつハみなもやのごとくや　六 14
にち〱にすむしわかりしむねのうち
せゑぢんしたいみへてくるぞや　六 15
このみちがたしかみへたる事ならば
このさきたしかたのしゆでいよ　六 16

第六号　14—16

ここにあげたもののうち、六号16のおうたの中で「たのしゆでいよ」という表記がありますが、これは「たのしゅん（しん）でいよ」と読むようにしています。つまり「楽しんでいよ」という意味になりましょう。ですから、全体の意味は、「世界中には、たくさんの人が、いろいろに暮らしているが、みな一様《いちよう》に、もやに包まれたように行き迷っている。しかし日々、信仰生活を送るうちに、次第に心が澄み、心の成人が進んで、ちょうど、もやが晴れていくように、ものごとの真実が分かるようになってくる。こうして、心の成人への道がはっきり見えるようになったならば、その道の行く手には、間違いなく、陽気あふれる生活があるのだから、それを楽しみに、疑うことなく、希望をもって、いまの道を歩き続けるがよい」

というように理解できます。

何ごとにおいてもそうですが、見通しがきかない道を行くことほど不安なものはありません。不安とは、落ち着かない心の状態ですが、それは自分にかかわってくるものが何か、その正体がまるで分からない、見当がつかないところから生ずる心の姿だと思います。そんなときは、手探りで進むか、立ちどまってしまうほかないわけですが、人生の疑いや迷いのほとんどは、この不明からくるといっても言い過ぎではないでしょう。

そのことを、もやがかかって見えない道を行くことにたとえて教えられたものです。ところが、もやがだんだん消えていくにつれて、当たり前の景色が見えてきます。まるで状況が分からなかったときのことが、全く嘘《うそ》のように感じられるようになります。そして、はっきりしてきた道の行方《ゆくえ》を見定めて、安心して足を運ぶことができるようになるのです。こんな経験は、おそらくだれにでもあると思います。もや、それは心にかかる曇《くも》りのことを指しているのでしょう。そうしてみると、その心のもやを払って澄んだ心になることが、何よりも大切なのは言うまでもないことです。

では、どうして澄んだものにしてゆくのでしょうか。そのためには、みずからの生活を、できるだけ教えの光に当てるように努める必要があります。それこそが「心の成人」をめざす信仰生活の足取りであると考えます。親神様は、いつでも、どこにでも、救いの光を差しかけてくださっているのです。私たちは、その明るさの中で、次第に見えてくる道を楽しむようにしたいものです。

赤衣は神が入り込んでいることの表徴

いま、でハみすのうぢらにいたるから
なによの事もみへてなけれど　六 61
このたびハあかいところいでたるから
とのよな事もすぐにみゑるで　六 62
このあかいきものをなんとをもている
なかに月日がこもりいるそや　六 63

この第六号の初めあたりから、親神様がみずからを呼ばれるのに（私という第一人称）、「月日」という言葉を使われるようになりました。それまでは、「神」という表現でした。この点の問題は重要ですが、ここでは深く立ち入らないでおきます。ともかく、親神様と私たち人間との関係が、この変更によって、ぐっと近づいて温かくなる感じがします。その「月日」という表現が、六号63のおうたの中でみられます。

「みす」は御簾、目のこまかな〈すだれ〉であって、たとえば神前や宮殿などで、ある種の聖と俗との境のように使われますが、いまではもっと一般化しています。「うぢら」は「うちら」と読んでいます。内側の意味でしょう。「あかいところ」は〈明るい所〉の意味です。そうしますと、次のように解釈できるでしょう。

「いままでは、御簾の内側にいたから、外から見て、はっきりと何も見えてはいなかった。それと同じように、これまで神は、かげから見守るように、控《ひか》え気味にしてきたので、そのはたらきが見えることはなかった。しかし、このたびは、明るい表へ出てはたらくことになったから、神が言ったことは、どんなことでもすぐに現れてくる。をやが着ている、この赤い着物を何のためかと思っているであろう。それは赤衣《あかき》を着ているをやに、神が入り込んでいることの、表徴《ひょうちょう》、しるしなのである」

明治七（一八七四）年陰暦十月のある日、教祖の仰せによって、仲田《なかた》、松尾《まつお》の両名が大和《おやまと》神社へ出向き、「どんな神様か」とたずね、さらに、その守護について問答をしかけた事件がありました。これが糸口になって、その後、いろいろなことが起こってきます。神官が詰問に来ました。巡査が取り調べに訪れました。また、教祖に呼び出しがあって、山村御殿《やまむらごてん》へお出ましになり、取り調べを受けられました。赤衣を召されたのは、山村御殿からお帰りになってからです。それまでは紋付の黒い着物をお召しになっていたということです。これらのおうたには、こんな背景があるのです。

きわめて象徴的な事件であるように思います。その後、お召しおろしの赤衣で「おまもり」がつくられることになりました。

私はいつも、赤衣を召された教祖、おかしがたい威厳とともに、信ずる者も信じない者も、すべてを抱きかかえようとされる、ふところ深い慈愛をたたえた教祖のお姿を、なつかしい気持ちにひたりながら、想《おも》いえがいてしまうのです。

厳しい表現の奥に光るをやのまなざし

第六号　114—116

このところたすけ一ぢよとめられて
なんてもかやしせすにいられん　六 114
このかやしたいしや高山とりはらい
みな一れハしよちしていよ　六 115
このはなしなんとをもふてきいている
てんび火のあめうみわつなみや　六 116

おふでさき全体に流れる「こころ」は、包みこむような温かさと明るさです。その中にあって、ここにあげたおうたの威圧するような厳しさは、ひときわ目立って異様です。「たいしや高山」というのは、もちろん譬喩《ひゆ》的な表現ですが、一つには大社であり、それに谷底との対比でいわれる高山であると思います。いずれも、社会の上層位、ないしは権勢《けんせい》の座にいて、力で他を思うままに支配しているような立場を指しているると考えます。

そうしますと、

「このところ、この元のやしきでの、たすけ一条のはたらきを止められて、そのままでおくわけにはいかない。どうしてでも、かやし（返し）せずにはいられないのである。だから、このかやしとして、上に立ち、権勢を頼んで勝手に振る舞っている大社高山を取り払ってしまおうと思う。みな、そのことを承知しておくがよい。いま、こうして話していることを、いったいどう思って聞いているのか。このたすけ一条の神の思いをつぶすようなことがあれば、天火、火の雨、海に津波というような大変なことになるから、心するがよい」

という意味にとれます。

ところで、このあたりの背景として考えられるものに、次のようなことがあります。明治七（一八七四）年十二月二十五日、奈良の中教院《ちゅうきょういん》から、辻《つじ》、仲田《なかた》、松尾《まつお》の三名に呼び出しがありました。出頭した三人が言われたことは、「天理王というような神はない。もし神を拝むのならば、大社の神を拝め。世話するなら、中教院を世話せよ」というものでした。信仰をやめさせようとしたのです。親神様は、世界中の人間をたすけたいと、一途《いちず》に心を尽くしてくださっているのですが、何も知らない人間はそれを妨害《ぼうがい》する。そのため、たすけたいと思えば思うほど、神様のもどかしさが積もってどうにもならなくなる。そのもどかしさが、ここに見られるような厳しい表現になっているものと思います。

ところで、「かやし」という言葉は、このほかの個所にも何度か出てきます。たとえば、「よき事をゆうてもあしきをもふても　そのまゝすくにかやす事なり」（五号54）、また、「心うけとりしだいかやしを」（五号50）と端的に示されてもいます。心次第の守護と言われるところです。

ところが、ここにあげたおうたでは、報復というような厳しい意味も表面に出ているようです。でも、私たちは、その厳しい表現の奥に光る、世界一れつたすけたいと思召《おぼしめ》されるをやの熱いまなざしを、見逃すべきでないと思うのです。

人間の浅知恵に走るべきではない

このはなしどふゆう事にをもうかな
これからさきのみちをみていよ　七 12
どのよふな高い山でも水がつく
たにそこやとてあふなけわない　七 13
なにもかも月日しはいをするからハ
をふきちいさいゆうでないぞや　七 14

信仰することによって開かれる世界は、知的に確かめうる世界よりも、はるかに大きく広いものです。というよりも、次元が違うと言ったほうがいいかもしれません。神様の物差しによって測り、判断する世界だからです。このおうたは、そのことを端的に示しています。

この人間世界のことは何もかも、親神様のご守護によって成り立っている。つまり、神様の摂理の中の世界であることをよく承知しておくように、という意味のおうたに続いて述べられたものです。

「神が諭しているこの話を、いったい何のことかと思うかもしれないが、これから先の歩みの中に現れてくる物事をしっかり見ているがよい。かならず、なるほどと理解がつくであろう。たとえどんなに高い山であっても水がつくことがあるし、谷底だからといって決して危ないことはない。とにかく、何もかも、すべて神が支配しているのだから、いたずらに、大きいとか小さいとかと言って、人間思案で判断したり、行動したりしてはならない」

と教えられているのです。

ここで、神様がこの世界を支配すると仰せになっていますが、この表現は全体を通じて、出てくる数はかならずしも多くはありません。続けて出ているのは、この個所です。「支配」という言葉には、かなり権威的な響きを感じます。しかしここは、決して神の権威の自己主張ではありません。むしろ私は、そこに世界中の人間をたすけようとされる親神様の断固たる意思の力を感じるのです。これらのおうたの後、陽気ぐらし世界建設のための「よふぼく」を寄せて使う話が続いています。まさに、たすけの明確なご宣言であると理解します。七号28のおうたでは、端的に「それから八月日よろづのしはいする　なにかよろづのたすけするぞや」と述べられています。

水は低いところへ流れるというのは、私たちの常識です。大きいほうがいいとか、小さいからいいなどと言って固執するのが、私たちの常です。しかしここでは、そのこだわりを超えて、もっと広い、もっと深い神様の秩序に目覚めるべきであることを示唆《しさ》されているように思います。

この信仰の道について、よく「道と世界はうらはら」であるとか、「ソロバン伏せた道」であるなどと言います。人間の浅知恵に走るべきではないことを教えられたものだと思います。もっと高い次元で、納得できるような道を求めるように諭されたものです。

心の奥底まで見通されたおはからい

このたびのはらみているをうちなるわ
なんとをもふてまちているやら　七 65

これはかり人なみやとハをもうなよ
なんでも月日ゑらいをもわく　七 66

このもと八六ねんいぜんに三月の
十五日よりむかいとりたで　七 67

おふでさきは私たちにとって、ある意味では神秘の世界を叙述《じょじゅつ》したものと言えます。予言の書とも言えるでしょう。親神様の教えは、いまだかつてなかったことを明かし、世界たすけを実現するためのものだからです。これらのおうたも、そうしたかくれた世界を、身近なところで説き明かされたものの一つです。

「いま胎内に宿っている子が生まれてくるのを、内々の者はどんな気持ちで待っているのであろうか。こればかりは、決して世間にありふれたことと思ってはならない。そこには深い神の思いがあるのである。このことの元について言えば、おまえたちも知っているように、六年以前の三月十五日に迎えとった子供がいるであろう」というように理解ができます。そして、次のような意味のおうたが続いています。

「神はその時からいままで、その子をしっかりと抱きしめてきたが、早く生まれさせたいと思っている。その深い思いを知らないで、内々の者は世間ふつうのことのように考えている。そんなことでは真実のところが分かるはずがない」（七号68～69参照）

これは、中山たまへ様のご誕生を予言されたものです。たまへ様が、明治三（一八七〇）年三月十五日に出直された秀司《しゅうじ》様のお子、お秀《しゅう》様の生まれかわりであると述べられたものです。世界たすけのおはたらきを進める段取りをつけられるための、親神様のおはからいであることを教えられたものです。

なお、たまへ様のご誕生は、このおうたのご執筆からしばらく経《た》った明治十年二月五日のことになります。その間、ご執筆の年である明治八年には、男の子が生まれましたが、じきに出直していています。このあたりの事情については、次のように考えられるでしょう。

教祖は、梶本《かじもと》家の三男・眞之亮《しんのすけ》様（初代真柱様）がお生まれになる前から、真柱の眞之亮と名づけられて、中山家を嗣《つ》ぎ、道の芯《しん》として立つように決めておられました。ですから、まつゑ様がお子を宿されたとき、まわりの人びとが、もし男子出生ということにでもなったら――と懸念したとしても不思議ではありません。神様は、そんな人間思案を、すっきり払拭《ふっしょく》することができるように、自由自在《じゅうよう》のおはたらきを見せられたものと思います。そして、神様のお言葉には、いささかの間違いもないという確信を与えられたものと考えます。

ここに、人間の心の奥底までも見通されたおはからいの一端を読み取るとき、心の中を神秘の閃光《せんこう》が走る思いがします。

疑いの心を捨て思召どおりに

これから八をびやたすけもしいかりと
せつなみなしにはやくむまする　七　80

たん〳〵と口でなに事ゆうたとて
月日ゆうよにせねばいかんで　七　81

月日よりなにの事でもしいかりと
ゆうよふにせよちがう事なし　七　82

新しい生命の誕生は、何はともあれ、希望の出現であると言えましょう。新しい世界の開明を象徴する事実とも言えます。

教祖は、救済の世界の幕開けを告げる鐘《かね》を鳴らされるように、嘉永《かえい》七（一八五四）年、まず安産の恵みである「をびや許し」を与えられました。「女の大役」といわれていたお産のことですから、当時、そのことは非常に大きな救いであったにちがいありません。そのためでしょうか、教祖は、をびや許しのことを「よろづたすけの道あけ」とも仰せになっています。

「をびや」とは産屋《うぶや》のことで、お産のための特別な家とか部屋の意味です。その部屋でするような忌《い》みごとなしに、楽に出産できる恵みのことを、をびや許しと言われたものと考えます。ですから、このおうたは、

「これからは、安産のたすけで、確実に何の痛みも苦しみもなく、すみやかに生まれるよう守護するであろう。これからだんだんに、いろいろなことを言って聞かそうと思うが、たとえ何を言ったとしても、神が言ったとおりに実行しなければならない。それが、たとえどんなことであれ、言うようにするがよい。神が教えることに、決して間違いはない」

というように理解できます。

ここで注意しなければならないことは、繰り返すようにして、親神様の言うとおりにすることを求められている点です。

教祖が現身《うつしみ》をかくされた後も、おつとめによって、をびや許しを出されるようになっています。そのことは、明治二十年二月二十五日のおさしづをもって、かんろだいに、をびやの御供《ごく》を供えて、おつとめをするように教えられました。こうして、新しい生命出現のご守護が、人間創造の元の理を宿すこのおぢばから、限りなく与えられることになったわけです。それを頂く心構えとして、次のようにも教えられています。「神の言うことを疑って、嘘《うそ》と思えば、本当に嘘になってしまう。ふだんの心づかいの善《よ》し悪《あ》しは別のところで現すから、出産については、疑いの心をなくして、心底から、親に許してもらったと思って、神の言うとおりにすれば、すみやかに安産さそう。疑って案じるようなことがあれば案じの理がまわることになる」（『正文遺韻抄』48ページ参照）というものです。

私たちは、ここで強調されているものを見逃すことなく、疑い心を捨て、「神様の思召《おぼしめし》どおりに」という信仰の足場を固めなければならないと思います。

神も人も陽気ぐらしの喜びを一つに

せかいぢうみな一れつハすみきりて
よふきづくめにくらす事なら　七 109

月日にもたしか心がいさむなら
にんけんなるもみなをなし事　七 110

このよふのせかいの心いさむなら
月日にんけんをなじ事やで　七 111

人間はどこから来たのか。これは、むかしから問いつづけられてきて、しかも永遠に解けない人生の課題です。みずからを意識し、いま自分があることを自覚するのは、すでに長い年月を歩いてきた後のことだから、それも当然です。

だれしも、「いつ、どこへ生まれようか」などという意図をもって生まれてきたのではありません。いつ、どこで生まれたのかは、後で親に教えられて知ることができたわけですが、たとえ産みの親でも、「どう生きたらよいか」ということについては、親の願いを話すことはできても、人生の根本問題として教えることはできません。もし、できるとすれば、それは人間世界の創造者によってのみ可能でしょう。

創造者は、決して、つくられたものの側から一方的に認識することはできません。信仰においてのみ知ることができると言うべきでしょう。だからこそ、親神様は、みずからを「元の神・実《じつ》の神」であると宣言されて、人間世界創造の元の理を明かされたわけです。その教えの中で、「人間を造り、その陽気ぐらしをするのを見て、ともに楽しもうと思いつかれた」（『天理教教典』第三章「元の理」参照）とあります。そうしますと、その創造の目的が、私たちの生きる目的にもなってきます。ここにあげたおうたは、このあたりの消息を述べられたものと思います。

「世界中すべての人間の心が澄みきって、陽気あふれる生活を進めるようになったならば、神の心もかならず勇んでくるし、そうなれば、人間も同じように、さらに勇んで、真の喜びを見るようになるであろう。こうして、世界中の人間が勇み立ってくるならば、神も人も、その喜びと楽しみを一つにした、陽気ぐらし世界の実現を守護するであろう」

という意味になるかと思います。

人間が創造の思召《おぼしめし》にふさわしく、陽気ぐらしができるまでに成人したならば、すべての人間を可愛《かわい》いわが子であると仰せになる親神様は、その意味で、子供の喜びを親の喜びとなされ、人間の楽しみを、みずからの楽しみとなしたまうのです。

「月日にんけんをなじ事」と言われているのは、決して存在そのものの同一性を述べられたものではありません。もとより親神様は、襟《えり》を正して仰ぎ見るべきでありましょう。でも私はここに、進んで親子団欒《だんらん》の輪の中に入り、睦《むつ》み合う子供たちに、眼《め》を細めて優しいまなざしを投げかけられる親の姿を見いだします。これは陽気ぐらし世界の一つの光景でしょう。

親心の眼を日々感じとりながら

このよふをはじめだしたる月日なら
どんな事でもしらぬ事なし　八 11

せかいぢう一れつなるのむねのうち
月日のほふゑみなうつるなり　八 12

それしらすみなにんけんの心とて
わがみしやんをばかりをもふて　八 13

すべてのものを創《はじ》められた親神様にしてみれば、人間をはじめ、あらゆるものは、その手の内にあるわけです。逆に言うと、つくられたものは、いくら力んでみても、背伸びをしてみても、しょせんは、つくり主の手の外へ出ることはできません。信仰生活とは、ある意味では、そのことを心の底から理解し、そうした手の内の人生を楽しむことであると言うこともできましょう。

ところで、親神様は、つくられた人間の側からは、ほんの一部分しか見ることができません。そこで、人間は、全体が分からないままに、ともすれば生き方を誤り、みずから行く先をふさいでしまうようにもなるのです。

よく、神は全能、神は全知などと説明されることがあります。親神様は、どこまでも見抜き見通されて、自由自在《じゆうようう》のご守護を下さるのです。ですから、私たち人間が、たとえば、その手のひらの上で、怒ったり、喜んだり、泣いたり、時にはけんかをしたりしている姿を、どんなお気持ちでご覧になっているのかと思わずにはおれません。さぞかし、もどかしい思いを募らせておられるに違いありません。私は、ここにあげたおうたを、そんなふうに想像して読ませていただきました。

ここでは、

「この人間世界を創め出した神のことであるから、どんなことといっても、知らないことは何もない。だから、広い世界のどこにいる者でも、すべての人間の心は、鏡に物が映るように、神の眼《め》にはっきり見えているのである。そのことを知らずに、とかく人間の心の常として、自分の幸せを求め、自分さえよければそれでいいというような考え方に流れてしまっている。そんなことではならない」と戒《いまし》められています。

ここで仰せになっていることで、最も大事なことは、何よりもまず、「どんなことでも知らぬことなし」と述べられる親神様に対する絶対の信頼です。そして、自分さえよければ他の人はどうなってもいい、というような、わが身思案から離れることです。

考えてみますと、私たちは、ちょっと油断をしていますと、ついつい、自分勝手で身びいきな考えに落ち込んでしまうものです。神様の眼の光を忘れてしまうからです。私たちは、見抜き見通しで見守ってくださる親神様の親心の眼を、日々の足どりの中で感じとりながら、どんな中でも、安んじて親神様にもたれていくようにしたいものです。

根源の世界を開き示す元の神の呼びかけ

とのよふなたすけとゆうもしんちつの
をやがいるから月日ゆうのや　八 46

この月日もとなるぢばや元なるの
いんねんあるでちうよぢさいを　八 47

このはなしなんでこのよにくどいなら
たすけ一ぢようけやうのもと　八 48

この当時（明治八年）、「をびや許し」を道あけとして数々の不思議なたすけを目のあたりに示されるようになってから、すでに二十年も経《た》っています。そして、たすけられた人びとや、たすけを求める人たちが、引きも切らず、教祖を慕っておやしきに寄ってくるようになってきています。

しかし、それにもかかわらず、人びとは、親神様が霊験《れいげん》あらたかな神であるということは知っていても、まだ、元の神・実《じつ》の神の出現という真実については、十分に知っているとは言えなかったと思います。ましてや、教祖が「神のやしろ」であるということの神秘を、心底から理解するまでには至らなかったのではないでしょうか。ここにあげたおうたは、そんな状況を反映しているように思うのです。

「たとえどんな難しいことであっても、神が引き受けて、かならずたすけようというのは、神が人間を創《はじ》めたとき、真の親としての役割を果たした者がいるから、こうして言っているのである。この人間を創めた神は、ここが人間創め出した元のぢばだからこそ、また、元のをやがいるからこそ、そのゆかりをもって自由《じゅうよう》自在の守護を現すのである。この話を、これほどまでにくどく言うのはなぜかといえば、これが世界たすけの守護を引き受けて進める元の筋道を明かす話だからである」

と述べられています。単に、その場その場の救済ではなく、真の救済を保証し、実現される神様であることを納得させているように思います。

ですから、このおうたへと続く前段のおうたはすべて、人間創造の根源をさして教

えられています。たとえば、
「この人間世界創成の真理を聞かせておかなければ、たすけの真実は分からない。そもそも、つとめ場所は人間創め出した元の所であり、また、人間創めたをやは、いま、この世に存命である。こうした話は、いままでにない話であるから本当に信じる者はいないかもしれないが、みな真実のことである。これからも、人間創めた元の神であるゆえに、いまだかつてなかったこと、聞いたことも見たこともない知らないことを教えて、世界たすけの道を開いていくであろう」（八号35〜45参照）
というように、です。
そこでは、四首も続いて「知らぬこと」を教える、という表現が出てきます。それは、人間にとって決して知ることができない、根源の世界を開き示す元の神の呼びかけです。その元の神の声が幽玄《ゆうげん》の彼方《かなた》から、私たちの心を揺さぶるように聞こえてきます。

人間創造の根源の地点を定める

このさきハあ、ちこ、ちにみにさハり
月日ていりをするとをもゑよ　八 81
きたるならわがみさハりとひきやハせ
をなじ事ならはやくそふぢふ　八 82
そふぢしたところをあるきたちとまり
そのところよりかんろふだいを　八 83

おふでさきのお言葉は、たったひと言でも、ゆるがせに読むことはできません。それが親神様による世界たすけの構想を読みとる鍵《かぎ》になっているからです。そのことを、このおうたに接して強く感ぜずにはおれませんでした。

ひと言のお言葉に感応して、現実の行動を決めるとき、親神様によって進められている救済史の回転軸が、確実に回るのを知ることができるような気がしてきます。

「こののち、世界たすけのために、神はあちらこちらの者の身上にさわりをつけるであろう。しかし、それは決して単なる病ではない。成人を促すために、神が手を添えているものであると思うがよい。そうして、身上のさわりに導かれて、この屋敷にやって来たならば、みずからの身上とまわりの状態とを比較し、もし、同じように塵《ちり》や埃《ほこり》があると思うのならば、早く、みずからの心のほこりを払うとともに、屋敷内の掃除をするようにせよ。さらに、掃除をした後、そこを歩いてみるがよい。そのとき、立ち止まったまま足が動かなくなる所がある。そこに、かんろだいを据《す》えることになる」

かんろだいを据えるべき「ぢば」の地点を定められたのは、明治八（一八七五）年陰暦五月二十六日のことです。

その前日、教祖は「屋敷内をきれいに掃除しておくように」と仰せになりました。人びとは何ごとかと思いながら、いつも以上に念を入れて掃除しておきました。明けて二十六日の昼ごろ、教祖は、まずご自分で庭の中をお歩きになり、足が地面にくっついて動かなくなった地点に、印をつけておかれました。その後、こかん様をはじめ、何人かの人に目かくしをして歩かされたのですが、みな一様《いちよう》に、同じ所へ引き寄せられるようにして立ち止まってしまいました。

こうして、教祖は、そこが人間創造の根源の地点たるぢば、すなわち、世界たすけのご守護が発動する原点であることを教えられたのです。これがぢば定めの歴史です。

「世界は鏡」と教えられています。おぢばは鏡屋敷であるとも聞いています。まわりの状況を、みずからの姿の写し絵と見て、親神様のお言葉を頼りに、心の襟《えり》を正し、教祖のお声に導かれて生き方の方向を決めていくところに、自己のたすかりだけではなく、大きく世界のたすかりにもつながっていくことを感じます。そう思うと、よふぼくと自覚する自己の行動の重みを感ぜずにはおれません。

親神様の無言の意思を読みとる

このたびのなやむところハつらかろふ
あとのところのたのしみをみよ　九 36

さきよりにせへい、ばいにことハりが
ゆうてあるぞやしやんしてみよ　九 37

どのよふな事をするにもさきいより
ことわりたゆへか、るしことや　九 38

この世界は親神様のご守護によって成り立っているのですから、この世界の出来事は、断じて偶然の連続ではないはずです。偶然ならば、偶然のおもしろさがあると言うかもしれませんが、身上や事情の悩みの中にあっては、そんなのんきなことを言ってはおれません。そこでは、主体的な決意など全く無意味なことになるからです。

この世はそんな世界ではなくして、意味をもって広がる世界だと思います。ですから、そこでの出来事は、私たちが演じる人生劇を意味あるものとして高めていくために不可欠な舞台装置と言えるかもしれません。病むことも、いろいろな問題をかかえて悩むことも、決して投げ出してしまっていいような無意味なことではないのです。このおうたは、それを教えられているようです。

実は、このおうたは、こかん様の身のわずらいの事実に関して諭されたものと伝えられていて、いわば、特別な背景をもっているわけですが、これを一般化して言うならば、次のようになると思います。

「このたびの身の悩みは、まことにつらいであろう。しかし、この先、神が守護して楽しみの道を見せるから、心待ちにしているように。よく思案してみるがいい。こうしたことになるのも、神が前もって、精いっぱいのことわりを言ってあるはずである。神が進んではたらきをする場合には、いつでもこのように、あらかじめことわりを言ってから始めているのである」

たとえ、救済のみわざを進められるのであっても、前もって注意されてから始められるのです。これは予言して、実証して見せて、そのうえで、たすかりの道に目覚めさせようという意図もあるでしょう。しかし、それ以上に、知らないためにとまどい、意味を悟ることができずに、病む身をいたずらに嘆くことがないように、という親心の温《ぬく》もりを強く感じとることができます。

ですから、私たちは現実に現れてくる事柄を思案し、救済の意味を帯びて広がる世界の中で、親神様の無言の意思を読みとるべきだと思います。それとともに、前もってのことわりを、いち早く知ることができた者は、すみやかに、それを世界へ伝えなければなりません。そうしなければ、無知のゆえに嘆き悲しむことがないように、と思召《おぼしめ》される「精いっぱいのことわり」が世界に届かないことになってしまうからです。

よふぼくの使命、親心に応《こた》える神の子の義務は、まず、このあたりから自覚されるべきでしょう。

信仰によってのみ受け入れられる真実

このだいもたん〱〱とつみあけて
またそのゆへ八二尺四すんに　九 59

そのうゑ、ひらばちのせてをいたなら
それよりたしかぢきもつをやろ　九 60

ぢきもつをたれにあたへる事ならば
このよはじめたをやにわたする　九 61

東西南北の礼拝場に囲まれた神殿の屋根が四角に切り取られて、天空に口を開けています。その真下に、ぢばの真座をしるすかんろだいが立っています。そのかんろだいを中心に囲んで、かんろだいづとめが勤められるのです。

天と地を垂直に結ぶ線と、それを軸にして無限に広がる生命の場。私の心のカンバスに、そんな風景が描き出されてくるのを感じます。かんろだいを真ん中に拝み見ることができる神殿の空間は、そんな思いの中で、神秘の空間をつくり出してきます。そして、そこにぬかずく私たちの信仰の願いを吸収し、親神様のところへ運ぶ根源の場になってくるのです。そうです。そこには、ご存命の教祖がいらっしゃるのです。おうたは、そうした根源の神秘を具体的な事柄として示されたものだと思います。

「これは、かんろだいの話であるが、かんろだいというのは、（六角の）台を一つ一つ積み上げて（第一段は直径三尺、二段目は二尺四寸、さらに一尺二寸のものを十段かさねて）、なお、その上に二尺四寸の台を積むのである。そして、その上に平鉢《ひらばち》を載《の》せておいたならば、そこに、間違いなく、神がじきもつ（食物・甘露）を授けるであろう。その場合、じきもつをだれに授けるかというと、まず、この人間世界を創《はじ》めたをや（教祖のこと）に渡すのである」

　この後、親神様から教祖に渡された救済のしるしである甘露を、あとは、教祖から、教祖の心のままに、広くすべての人間に授けるように、という意味のおうたが続いています。

この一連のおうたによって示されている世界は、私たちの聞きなれた論理、常識の地平を超えた領域であると思います。いわば、信仰によってのみ受け入れられる真実であると言えるでしょう。逆に言えば、信じる心にとっては、最もみずみずしく映る世界でしょうし、救いの力が躍動するのを感じる場面にもなってきます。

ここで、私たちが何よりもまず胸に刻みつけておくべきだと思うことは、ぢば・かんろだいをさして、みずからの所在を明かされた親神様のことと、その親神様のご守護を、その身において一れつ人間に及ぼされた教祖が、いまもなお、ご存命でおはたらきくださっているという真実についてです。

心勇んだ毎日、恵みに満ちた世界

このひがらいつこころなるとゆうならば
たあのしゆりをしまいしだいに　十 16

それからハなにかめづらしみちになる
つとめのにんぢうみなよりてくる　十 17

たん〳〵とにち〳〵心いさむでな
なんとやまとハゑらいほふねん　十 18

第十号　16—18

そこはかとなく季節感をそそるようなおうたです。適切な言い方でないかもしれませんが、私はこうしたおうたが好きです。

「たあのしゆり」（田の修理）というのは除草などの農作業のことでしょう。庄屋敷《しょやしき》村の付近では、田植えが済んでしばらくすると、田の草取りをします。現在とはちがい、手作業ですから、決して楽々の仕事ではなかったと思います。それが済むのは、お天気具合によって多少ずれますが、だいたい土用の終わるころ、立秋前後、つまり八月の初旬のようです。どの農家も、ほっとひと息ついた安らぎを覚えるころでしょう。一面に青々と広がる稲田を見渡しながら、豊かな秋の実りを期待する時期です。「このたびは、もう旬が来ていることだから、どんなことも真実を言って聞かせて、世界たすけの実現を急いでいるのである（十号15参照）。そうした、神のたすけ一条の思いが現れるのは、いつごろかと言えば、田の修理が済み次第、農事が一段落つき次第、と言っておこう。その、田の修理が済んだころから、思いもかけないめずらしい道になり、たくさんの人が帰ってくる中、たすけづとめの人衆もみな寄ってくるであろう。その後は、かんろだいも出来、つとめをすることができるようになって、次第に心勇んだ毎日となり、人びとが〝なんと大和《やまと》は素晴らしい豊年ではないか〟と言い合うような、恵みに満ちた世界になるであろう」

大和は田園情緒が豊かな所です。まろやかな稜線《りょうせん》の山並みに囲まれ守られた、大和平野という地理的環境のせいでしょう。もともと農作業は季節の移り変わりと連動しています。このおうたは、その意味では、季節感のあふれた情景を思い浮かべながら読ませていただくことができます。

八月以降、これといって直接に指摘しうる歴史的事実はあげられませんが、それは問題ではありません。親神様のご守護は確実にはたらいているからです。この年には、ぢば定めが行われていますし、「いちれつすますかんろだい」の歌と手振りを、さらには、をびやづとめなど、十一通りのおつとめの手を教えられています。

なお、「なんとやまとハゑらいほふねん」という巧《たく》まざる表現からは、多くの人の喜びの躍動が胸に伝わってくるような気がします。

究極のところから完成させる教え

いま、でもどのよなみちもあるけれど
月日をしへん事わないぞや　十 42

月日よりたいてへなにもだん／＼と
をしゑてきたる事であれども　十 43

このたびハまたそのゆへのしらん事
なにもしんぢつみなゆてきかす　十 44

元こしらえた神、真実の神である親神様のおはからいの中にある時間は無限であり、その空間にも境《さかい》はありません。ですから、人間の歴史はもとより、歴史以前のことをも含めて、すべてが親神様の視界の中にあるわけですし、手の中の出来事であると言わなければなりません。

それゆえ、親神様はこの人間世界の真実の成り立ちを明かし、その元の理に基づいた正しい生き方へと導こうとされるのです。このおうたは、あらためてそのことを示されているものと考えます。

「いままでに道といわれるもの、教えと呼ぶものがいろいろあるけれども、それがどんなものでも、すべて神が教えてきたものであり、神の教えなかったものは何一つとしてないのである。このように神は、たいていのことはみな旬々に教えてきているけれども、このたびまたそのうえに、この人間世界の真実について、知らないことを何もかも説いて聞かそうと思うのである」

ここに、いわゆる「だめの教え」であることの教理上の主張を見ることができます。だめの教えというのは、時間的な意味ではなく、最後の教え、究極の教えという意味で言われていると思います。そうしますと、たとえば、これまで人類の歴史のうえに現れたいろいろな宗教も、実は、親神様が、その時その場において、最も大事なことを教えられたものであるということになります。その意味では、どの教えに対しても、それ相当の尊敬の念をもって接することが必要になります。決して対立の関係にあるわけではないからです。

教えられているところによると、いままで知らなかった真実とは、元の親のことです。ですから、ほかの教えを否定しなければ成り立たない教えではなく、それを究極のところから完成させる教えであるという思想になります。たとえば、どんな神も仏も尊んで、最後に「なむ天理王命」と唱えて、初めて十全のご守護を頂くべきであるとも教えられています。

いろいろな所へ足を運んで夫の病気平癒《へいゆ》を祈願したが、一向によくならないという人がいました。すすめられて、その人が最後におやしきへやって来たとき、教祖は、「あんた、あっちこっちとえらい遠廻《とおま》わりをしておいでたんやなあ。おかしいなあ。ここへお出《い》でたら、皆《み》んなおいでになるのに」と、やさしく笑って仰せられたと聞きます（『稿本天理教教祖伝逸話篇』一〇「えらい遠廻わりをして」参照）。

元の神・実《じっ》の神、まさに人類の親なる神であることの消息を、なにげなく伝えている話であると思います。

眼に見えないところを大切にする心

月日にハどのよな心いるものも
このたびしかとわけてみせるで
十一 6

どのよふな心もしかとみているで
月日このたびみなわけるでな
十一 7

口さきのついしよばかりハいらんもの
心のまこと月日みている
十一 8

信仰生活とは、ただ見える世界だけに生きるのではなく、眼《め》に見えない世界とのつながりを意識しながら生きることだとも言えましょう。たとえば、木を育てる場合でも、幹や枝の伸び具合、葉の茂り加減や花の色合いに心を配っているだけでは、立派な木にすることはできません。立派な木をつくるには、まず地中に深く張って幹や枝を支えている、かくれた根の部分にも十分に心を配る必要があります。

私たちの生活についても同じことが言えます。本当の人生設計に当たっては、そのことを、おろそかにすることはできません。そうでないと、ともすれば、形のあるもののさまざまな変化の中だけで、ものを考え、判断し、行動することに終始してしまいがちだからです。かくれた世界に瞳《ひとみ》を凝らす生活とは、たゆみなく親神様の思召《おぼしめし》を求めながら、いつでも、親神様の眼の光を感じとりながら生きることだと思うのです。このおうたは、そうした生き方を、きわめてきっぱりとした言い方で求められているものと思います。

「人間が、たとえどんな心でいるとしても、もういまとなっては、その心を確実に明らかにしてみせようと思う。見抜き見通しの神は、どんな人間の心づかいも、余すところなく見ているのである。そして、このたびは、その是非《ぜひ》善悪をすべて分けて明らかにするであろう。だから、ただ口先だけで、追従《ついしょう》を言ったりするようなことは断じていらないのであって、神はすべての者の心の誠を、しっかりと見ているのである」

私たちは、ともすれば、他の人に知られなければ問題はない、という考えに落ち込んでしまうものです。心の中で何を思ったとしても、言葉や表情に出さなければ、他の人には分かりません。それをよいことに、時として、心と口や行いが一つにならない通り方をしてしまうものです。それが法に触れなければ、何をしても罰せられることはない。だから、それでいいとしてしまうことにつながっていきます。しかし、言うまでもなく、これは誤った考え方です。

信仰者の努力は、形を整えることよりも、まず心のあり方を整えることにあります。その意味では、口でお世辞《せじ》を言いながら、心の中で舌を出すようなことがあるとすれば、それは最も慎《つつし》むべきことであると言わなければなりません。親神様を信じ、眼に見えないところを大切にする心を養いたいものです。

命がけでのこされた「たすけの台」の意味

この事をぢうよぢざいハちがハねど
みなの心にしよちなけねば　十一 14

一れつにしよちをしたる事ならば
月日うけよてたしかたすける　十一 15

このたすけどふゆう事にをもうかな
三かめへにハそといでるよふ　十一 16

この第十一号では、その多くのおうたが、こかん様の病をめぐって話が進められ、教祖を信じ、親神様にもたれて通るべきことを強く求められているのが目立ちます。

このおうたも、その中の一つです。

「いま、こうして病んでいることを通して、みなの者も、かかわりあるそれぞれも、真実の理を心からわきまえるがよい（十一号13参照）。この身上さわりについても、神は自由自在《じゆうよう》の守護を、間違いなく現すが、みんなの心に神の言うことが得心できなければ、どうするわけにもいかない。みんなの心に神の諭すことがしっかりと治まるならば、神はたすけを引き受けて、かならず守護するであろう。それはどんなたすけかというと、いまの身上が直《ただ》ちによくなって、三日目には外へ出られるほどの不思議な守護を見せることになろう」

こかん様は、幼少のころからずっと教祖のおそばにあって、「若き神」と言われて、神様の御用をつとめられた方です。父をなくして悲しみの涙も乾かない中、十七歳の時、振袖《ふりそで》姿で浪速《なにわ》の街に神名を流されました。まさに、世界たすけのために、元の屋敷になくてはならない方だったのです。

ところが、明治五（一八七二）年陰暦六月十八日、櫟本《いちのもと》村に嫁いでおられた姉のおはる様が出直されたあと、残された子供の世話も大変な梶本《かじもと》家の頼みに応じて、家事の手伝いに行かれました。そうした中で、こかん様を後添《のちぞ》いにと望む話にもなりましたが、教祖はお許しになりませんでした。予定された世界たすけの崇高《すうこう》な神のつとめがあったからです。しかし、困っている梶本家の内情を見るにしのびず、しばしば櫟本へ出向かれました。時には、滞在して手伝うこともあったことでしょう。こうして、理と情のはざまに悩みながらの時が流れましたが、明治八年の夏のころ、こかん様は病に倒れてしまったのです。

この理と情の立て合う状況の中で、教祖は厳として神一条の道の選択を迫られているのです。しかし、こかん様はこの年九月二十七日、ついに出直されました。のちにおふでさきで、「神が言ったことに背《そむ》いてしまった」と戒《いまし》められ、「神にもたれていれば危ないことはない」と諭されてもいますが、こうしたおうたに接するとき、命をかけてのこされた尊い「たすけの台」の意味を、厳粛《げんしゅく》な思いで心に刻み込まずにはおれません。

最初のひと枝を早く接ぎたい

よふぎでもにんわたれともゆハねども
もとハ壹ほんゑだわ八ほん　十二　15

この木をはやくつぎたいせきこみで
月日のむねがつかゑきるなり　十二　16

このきいも一ゑだしかとついだなら
あとなるハみなはやくさだまる　十二　17

よふぼくのことを、時には「よふぎ」と表現されていますが、それは直接には、用木ないしは普請《ふしん》の用材の意味です。救済の理想である陽気ぐらし世界の実現を、普請、建築にたとえて教えられたもので、親神様による救済の実現の過程で、親神様の思召《おぼしめし》を体してはたらく者、あるいは、その立場を指して言われたものです。

なお、この譬喩《たとえ》の文脈では、そのほか真柱とか棟梁《とうりょう》などの言葉も使われています。また、木を接《つ》ぐ（接ぎ木）とは、台となる木に芽や枝を接ぎ合わせて一体とすることです。

ですから、この譬喩では、親神様の世界たすけの教えを理解し、それに心を合わせてはたらくことができるようにすることの意味が含まれていると思います。そうした意味を念頭におきながら読んでいくことにします。

「きょうはまず、陽気ぐらし世界建設のよふぼく（用木）を集めることについて話をしよう（十二号14参照）。ところで、用木といっても、その人は、とくにだれそれと名指しはしないが、たとえば、元の一本の幹から八本の枝が分かれて出るように、たくさんの用木が次々に現れてくる。神はこの最初の一本を、しっかりした幹に早く接ぎ木をしたいものと、胸がつかえるほどに急《せ》き込んでいる。こうした用木も、そのひと枝さえ、しっかりと接ぎ木したならば、あとの枝はみな、おのずから、すみやかに決まってくるのである」

何ごとをするにしても、はじめが肝心です。最初のところがきちんと決まったならば、あとはその方針で事が滞《とどこお》りなく進んでいくものです。したがって、ここでは、最初のひと枝を早く接ぎたいと急き込まれているのです。

それでは、どこへ接ぐのか。つまり、台木となる幹とは何かというと、言うまでもなく、それは親神様の教えということになると思います。しかも、しっかり接ぎたい、と述べられています。不十分な接ぎ方ですと、一時は良いかもしれませんが、ついには枯れてしまいます。確実に接ぎ木されたものは、元の木の生命と一つになり、さらに、その生命の流れによって、次々と新たな芽が吹き、枝となって伸びていくことになります。

それを、教会に例をとってみますと、芯《しん》となるべき教会長が「その者から心分かりてくれ」（おさしづ　明治33・10・31）と教えられるお言葉どおり、親神様の教えに沿って心を定め、教祖のひながたの道を素直にたどって真っすぐに歩むならば、その教会の理の栄えは間違いないということになると信じます。

身上・事情のときこそ身近にいてくださる

このたびハとのよな事もつみきりて
もふさしぬきハさらにてけんで　十二 41
いま丶でハとんな事をばゆうたとて
またちいくりとしたるなれども　十二 42
けふの日ハよこめふるまもゆたんしな
なんどきとんな事があるやら　十二 43

人間には心の自由があります。何を思うこともできるのです。これは親神様の深いおはからいによって決められた人間存在の仕組みなのです。不可能なことは何もないはずの親神様が、みずから設定された創造の秩序であると言えましょう。

この世界は、人間がみずから進んで選んだ道を歩いて喜ぶことができるように、というお心づかいに貫かれているのです。その意味では、みずから選んだ道のうえで悩まなければならないこともあります。実は、そこが問題なので、全能であるにもかかわらず、というより、全能であるからこそ一層「ざんねん」「もどかしさ」の思いがつのることになると思います。親神様は、絶えず一れつの子供が可愛《かわい》いと思召《おぼしめ》されているからです。

これは、そうした思いがこぼれるほどに感じられるおうたの一つです。

「もう時旬が来たいまは、たすけ一条の神の思いが詰まりきって、どうにも抑《おさ》えることができないまでになっている。これまでに、どんなことも言ってきたが、時に、どれほど厳しいことを言ったことがあっても、それをすぐに現すのはじっと控《ひか》えてきた。しかしもう、この期《ご》に及んでは、決して手控えるようなことはしないから、横目ふる間のわずかな時たりとも油断しないようにするがよい。いつなんどき神が飛び出して、どんなことが現れるか分からないからである」

親神様は幾重にもことわりを言って注意を促され、厳しい言い方で、誤った生き方を指摘されてきたのですが、その結果を、身上や事情にそのまま現すことは手控え、じっと見守ってきたと述べられます。直《ただ》ちに結果を見せるのは、そのことに気づかないでいる私たち人間が不憫《ふびん》であると思召されたからだと思います。

そして、さらに諭されます。もう時が切迫している。たすけの旬は外《はず》すことはできない。たすけたいいっぱいの神の思いは、いまにも破裂しそうになっている。破裂したらどんなことが起こるか分からないから、一刻も油断することなく通るがよい、と。

たしかに、厳しいお言葉です。しかし、その半面、親神様がこの身の近くに寄ってきてくださるような感じをも抱くのです。事実、一つの解釈としては、身上を病んで苦しいとき、事情の中でつらいときこそ、親神様が最も身近にいてくださるとき、と言うことができるからです。そう考えるにつけ、「どんなことも言っておいた」と述べられるお言葉で、しっかり心の目をさまし、日々進める求道の歩調を整えなければ、と思います。

他人の生と自分の生の重みは一つ

いま、でハせかいぢうハ一れつに 十二 89
めへ／＼しやんをしてわいれども
なさけないとのよにしやんしたとても 十二 90
人をたすける心ないので
これから八月日たのみや一れつわ 十二 91
心しいかりいれかへてくれ

第十二号 89—91

幸福とは何か、という問いに対する答えは一つではありません。人はみなそれぞれに、幸福な人生を夢見て精いっぱいに努力しているのです。

このおうたは、これまでの努力の仕方、思案の方法について、一大転換を促されています。すなわち、

「いままでのところ、世界中の人間は、それぞれみな一様《いちよう》に、幸福への道を求めて、いろいろに思案をしてきている。ところが、情けないことに、どれほど一生懸命に考えたとしても、ただ自分の幸福を追いかけるだけで、他の人をたすけようとする心をもっていない。そこで、すべての人間を可愛《かわい》いわが子と思う親の立場から頼むのであるが、どうかこれから、しっかり心を入れ替えてもらいたい」と述べられ、さらに、神が望む心とは、「せかいたすける一ちよ」（十二号92）の心であると教えられています。

私たちが自分の生活を充実させようとするのは、きわめて自然なことです。与えられた人生を豊かに満たしたいと願うのは、ある意味では、生きている事実、この人生を与えられたという事実に対する誠実の証《あか》しと言えるからです。

しかし、ここで断じて忘れてならないのは、他の人の人生も同じようにあるということです。自分以外の人も自分と同じように一生懸命に生きているのだ、という認識です。ですから、それを欠いた思案をいくら重ねても、それを忘れた努力をどれほど積み上げても、決して多くの実りを見ることはできません。私たちは、みな例外なく一緒に生きているのに、ともすれば、その事実を無視して、わが身勝手に走ってしまうからです。青い鳥は、やはり、みんなで一緒に見つけなければならないのでしょう。

ここで深く心に刻みつけておくべきことは、私たちはみな同じく、親神様によってつくられた「神の子」だということです。その自覚のうえに立って、すべての人間をわが子と思召《おぼしめ》される親神様のお心を知れば、他の人の生と自分の生の重みが一つであることが実感されてくるはずです。他の人の痛みが分かり、他の人のために尽くそうとする心は、そうした実感に根づいてこそ、初めて生まれ育ってくるものだと思います。その心をもってする人生の思案が、何よりも大切であると教えられているのです。

私たちは、この「神の頼み」とまで言われるお言葉を見過ごすようなことがあってはなりません。それをおろそかにすることがあるならば、もはや、私たちの信仰生活は成り立たなくなるでしょう。

厳粛な事実を前に信仰の襟を正す

みのうちにとこにふそくのないものに
月日いがめてくろふかけたで　十二 118
ねんけん八三十九ねんもいせんにて
しんばいくろふなやみかけたで　十二 119
それゆへに月日ゆう事なに事も
うたこふているこれむりでない　十二 120

ちょうど立教の日の一年前になる天保《てんぽう》八（一八三七）年十月二十六日のこと、畑仕事をされていた秀司《しゅうじ》様の左足に、突然激痛が走りました。これが、この道の歴史の序曲ともいうべき出来事になりました。それ以来、秀司様はずっと不自由な足を引いて通っておられます。父・善兵衛《ぜんべえ》様亡きあとは、中山家の柱として、妹のこかん様と一緒に、どんなときも教祖のおそばにあって難渋な道中を通られました。教祖の仰せを守って、紋付《もんつき》の着物を着て田畑に出たり、青物や柴《しば》を売って歩かれたお姿を想像するときは、ある種の感動すら覚えます。

ところが、次第に多くの人がおやしきへ寄ってくるようになると、教祖に向けた反対や攻撃が始まりました。秀司様は、いつもその矢面《やおもて》に立っておられます。教祖の身に難儀がふりかからないように、参詣《さんけい》の人びとが無事であるようにと心を配る毎日は、並大抵な道中ではありませんでした。

「もともと身体《からだ》に、どこといって故障はなかったのに、あえて、神がいがめて苦労をかけてしまった。その間の年限をかぞえるならば、もう三十九年も以前からになる。本当に、心配や苦労や悩みをかけてしまった。だから、どんなことを神が言っても、それを疑うようになってしまうのも無理はない」

と述べられるおうたには、苦労の道を歩む秀司様に対するいたわりの心情がこぼれるほどに感じられます。しかし、親神様は、そのうえで、なおも神一条の決断を求められているのです。私はそこに、身が引き締まるような厳粛《げんしゅく》さを感じます。

話は、このおうた以後のことになりますが、教祖が一層おつとめの勤修《ごんしゅう》を急《せ》き込まれ、迫害や干渉はますます激しくなる一方の時期のこと。すすめる人があって、反対や迫害の風当たりを避けるため、金剛山地福寺《こんごうざんじふくじ》へ講社の設置を願い出たことがありました。そのとき、教祖は「そんな事すれば、親神は退《しりぞ》く」と仰せになっています。しかし秀司様は、あえて出かけられています。教祖のお言葉からすれば、それは命がけの選択でした。足の悩みをもって山路をたどる道のりは困難を極めました。

私は、教祖伝の、このくだりを読むとき、自然に涙が出てきます。それは明治十三年のことですが、翌年、秀司様は六十一歳で出直しておられます。このあまりにも厳粛な事実を前にして、私たちは信仰の襟《えり》を正さずにはおれません。まさしく秀司様のご生涯は、世界たすけのための尊い「たすけの台」であったわけです。

もたれきって知る世界の広さ

けふまでわなにもしらすににんけんの
心ばかりでしんはいをした　十三　9

これから八心しいかりいれかへて
神にもたれてよふきつとめを　十三　10

したるならそのまゝすくにしいかりと
りやくあらわすこれをみてくれ　十三　11

第十三号　9—11

信仰とは、ひたすらに神にもたれて歩む生き方であると言えましょう。何かに寄りかかり、もたれきって通ることは一見、楽なように見えますが、実は、なかなかできないことなのです。とかく私たち人間は、いろいろな思いをめぐらし、自分で確かめながら、計算の立ったところで事を運ぼうとするからです。そんな生き方になじんだ者にとっては、先が見えてもいないのに、まかせきった生き方をするのは、冒険というほかないことになってしまいます。

しかし、私たちに見える世界は、はたしてどのくらいの広さでしょうか。思案が及ぶ時間は、それほど長くもありません。ですから、思いもかけないことや、予想に反することが数えきれないほど現れてきます。そんなとき、もたれきって知る世界の広さは限りない魅力と言わなければなりません。これが祈りのある生活であり、信仰生活の妙味というものでしょう。

このおうたは、そのことを教えられているように思います。

「きょうまでは、神がいろいろ教え諭してきたにもかかわらず、みんなは、たすけたいばかりの神の心を何も知らずに、ただ人間思案にばかり走ってあれこれと心配をしてきた。これからは、そんな人間思案で心配をするのをやめて、しっかり心を入れ替え、神にもたれ、ひと筋に神を信じて、陽気づとめをするようにせよ。そうしたならば、神はそのますぐにでも不思議な守護を現すであろう。それをよく見ているがよい」

もっている知恵を最大限に発揮して生きようとするのは、人間にとって当然のことです。大切な義務であるとも言えましょう。しかし、ここで忘れてならないことは、生かされているという根本の真実です。つまり、すべてを守護されている親神様の心を知ることが前提になければならないということです。そうあってこそ、神様にもたれて、しかも、人間としての努力を怠《おこた》らない真っすぐな信仰姿勢を保つことができるものと考えます。

おつとめは、一面において、そうした信仰の心を純粋に燃焼させる場であると言えるかもしれません。別な言い方をすれば、神様を信じ、神様にもたれる心がなかったならば、おつとめを勤める意義を見いだすのは全く不可能なことでしょう。

みかぐらうたに「なんでもこれからひとすぢに　かみにもたれてゆきまする」（三下り目７）と、信仰的決意のあり方を教えられているところがありますが、これを日々常に復唱しつつ、信仰生活の姿勢を正すことが大切であると痛感しています。

同じ魂をもち、公平なご守護に生かされている

高山にくらしているもたにそこに
くらしているもをなしたまひい　十三 45
それよりもたん〲つかうどふぐわな
みな月日よりかしもののなるぞ　十三 46
それしらすみなにんけんの心でわ
なんどたかびくあるとをもふて　十三 47

人はみな社会のどこかで、それぞれに生きて、それぞれの人生模様を織りなしています。その中で、失意の者もあれば、得意満面の者も出てきます。時の流れの中での浮き沈みは、どこにでもあると言えましょう。

ただ、問題なのは、失意の中で嘆かなければならないようなときの生き方です。人

生の底辺に沈んでしまった場合の対応の仕方であると思います。そこでは、反省することが必要かもしれませんし、そこを乗りきる勇気を奮い起こすことも大切であると思うのです。

こんなとき、私たちは、「みな同じなのに」と言って呼びかけてくださる親神様の声を頼りに、生きる力を培《つちか》わなければならないと考えるのです。

「高山に暮らしている者（社会的に高い立場にいる者）、また、谷底に暮らしている者（社会において下積みになっている者）、そのいずれにしても、みな同じ魂で、言うまでもなく、本質において変わりはない。そして、さらに言えば、それぞれが毎日使っている身体《からだ》（道具）は、すべて神が貸しているものなのである。そのことの真実を知らないで、人間はとかく現実の立場や境遇の違いから、何か、もともとから高低の差があるように思い誤っている。――だから神は、人間はみな、もともと同じであるという真実を、何とか早く分からせたいと思っているのである（十三号48参照）」

世界中の人間を等しくわが子と仰せられる親神様にしてみれば、その可愛《かわい》さにだれかれの区別など断じてありません。その身の不運を嘆く者があれば、むしろ、その者にこそ、一層不憫《ふびん》の情をかけられているはずです。人間社会に高山や谷底があることは、親の気持ちに暗い影を落とすことになると言わなければなりません。

それなのに、私たちはともすると、現実の姿だけで高低をつけて判断し、行動してしまうのです。そこでは、時として傲慢《ごうまん》や羨望《せんぼう》が行き交《か》い、憎しみやさげすみが火花を散らすような、暗く醜《みにく》い社会をつくってしまうものです。そこからは陽気ぐらしが一層遠いものになってしまいます。だからこそ、親神様は人間生活の真実のありようを早く承知させたいと言われているのです。

みんな同じ魂をもち、同じように公平な親神様のご守護の中で生きさせていただいていることを心に刻んで、互いにたすけ合う子供の姿をもって、親の心に応《こた》えなければならないと思います。

教祖の心は世界一れつのうえに馳せている

この心どふゆう事にをもうかな
にほんもからもてんちくまでも　十三 77
このあいだみちのりよほどあるけれど
いちやのまにもはたらきをする　十三 78
このはなしにんけんなんとをもている
月日かしものみなわがこども　十三 79

第十三号　77—79

このおふでさきが書かれたころのおやしき界隈《かいわい》は、まだ、ひっそりと静かな明け暮れを繰り返す大和《やまと》の一寒村でした。天保《てんぽう》九（一八三八）年十月、「世界一れつをたすける」というご宣言が明かされたとはいえ、多くの人びとの頭の中には、まだまだ世界中という観念は根づいていなかったと想像します。そんな状況の中で、教祖のお心は、いつも天翔《あまかけ》るように世界一れつのうえに馳《は》せていたわけです。

おふでさきは、そうした表現に満ちています。このおうたも、その一つと言えましょう。

「これから神がどんな話をしても、それを決してありもしない話と思ってはならない。神は心が急《せ》いているから、どんなことを言うかもしれないが、よく聞き分けるように
（十三号75～76参照）。

神の心の中にあるこの思いを、どんなことと思うかもしれない。それは最も近い所といえる〝にほん〟、もう少し向こうにある〝から〟、そして、さらに遥《はる》か遠くにある〝てんぢく〟までも、というように、世界中の人間をあまねくたすけたいということである。この間の道のりは大変な距離であるけれども、どんなに遠くても、それは神にとって問題ではない。神がはたらけば、一夜の間にも成し遂《と》げるであろう。この話をなんと思って聞いているのか知らないが、よく言っておこう。人間の身体《からだ》はみな神の〝貸しもの〟であり、人間はみなわが子なのである。そのことを知れば、おのずから理解がつくはずである」

おふでさきの表現の中には、時に〝にほん〟と〝から〟が対照の形で出てきます。これは地域を例にとった言い方です。文脈のうえから詰めてゆくと、次のように理解されます。

〝にほん〟とは、この所、つまり最も近い所、そして〝から〟は、そうではない他の所という言い方で、〝にほん〟は親神様の思召《おぼしめし》が分かっている所とか人という意味に、〝から〟は、これから思召が行きわたる所とか人という意味に理解されます。決して日本や唐という固有の国名として使われているものではありません。譬喩《ひゆ》的な表現なのです。

ここでは、そうした意味を重ねているわけですが、単なる対立的な使い方ではなくて、「○○も、○○も」というふうな「あまねく」「すべて」という意味の表現であることは明らかです。この叙述《じょじゅつ》に続いて、「一夜の間にも」とか「みなわが子供」という言葉が出てきます。親神様の行き届かぬ所のない普遍性、自由自在《じゅうよう》な絶対の力の響きが、温かく胸に伝わってくるような気がしてきます。

信じるからこそ成ってくる境地

月日にわにんけんはじめかけたのわ
よふきゆさんがみたいゆへから　十四　25
せかいにハこのしんぢつをしらんから
みなどこまでもいつむはかりで　十四　26
月日よりよふきづくめとゆうのをな
これとめたならさねんゑろなる　十四　27

「人は何のために生きるのか」という問題に答えることは大変難しいように思います。私たちが、みずからを知るのは、すでにこうして存在することに、ふと気がついたときからです。普通は、そこから生きるための思案を重ねることになります。ですから、動かない解答を望めないのは当然と言えましょう。

もし決定的な答えを求めようとするのならば、それは宗教の世界に分け入ることになります。人間存在の元は、人間を超えた神様の意思の中に見つけなければならないからです。

このおうたは、親神様が人間を創造せられた目的を明かされたものですから、私たちは、そこから生きるための根本の指針を汲《く》みとっていくことになります。

「神が、何もないところから人間を創《はじ》めたのは、人間が陽気に勇んで暮らすのを見たいからであった。ところが、世界中の人間は、人間を創めたこの真実の神の思いを知らないところから、どこまでも暗く沈んだ心になってしまっている。それでは可哀想《かわいそう》だと思って、神は陽気づくめの生き方ができる道を教えてきた。それなのに、この道を差し止めたり、妨《さまた》げたりするようなことがあるのならば、神の残念な思いが一層大きく激しいものになってくるから、十分に承知しておくがよい」

親神様が人間をおつくりになった目的は、人間が陽気ぐらしをするのを見て、ともに楽しみたいということでした。そうしますと、つくられた人間はすべて陽気ぐらしができることになります。そうなのです。この点が最も大事な、人間みずからについての認識だと思います。陽気な人生、それは喜びづくめ、楽しみづくめの生き方ということになりますが、現実の生活を振り返ってみますと、多くの場合、それがたちまち、夢のまた夢ということになってしまいます。

しかし、「この真理を知らないから、いずむ（心が沈む）ばかりの人生を歩むことになる」と教えられる親神様の呼びかけを見過ごすことがあってはなりません。それを否定してかかるところには何ものも生まれてはきません。人間を創めた親なる神様が、そのように教えてくださるのですから、間違いなくできると信じてかかってこそ、成ってくる境地です。できると信じること以上のことが、できるはずはないのです。

私たちは、この真理に敏感でありたいと思います。

創造のはたらきを投射した道

なにもかもはやくつとめのしこしらへ
をやのうけやいこわみないぞや　十四　90

これをはな心さだめてしやんして
はやくにんぢうのもよふいそぐで　十四　91

はや〳〵と心そろをてしいかりと
つとめするならせかいをさまる　十四　92

おつとめによって陽気ぐらし世界への立て替えが成就《じょうじゅ》することについては、前にもふれたことがあります。そして、それには、親神様の教えどおりに実行する必要があることを知りました。おつとめは人間の側からすれば、ある意味での祈りの儀礼であると言えましょう。ですから、内面の心や態度はもちろんですが、儀礼としての表現も、教えられたとおりの形式で勤めるのでなければなりません。そうしてこそ、おつとめは神と人、親と子が直接に対面する宗教的局面になるものと考えます。

すでに、この時までに、つとめ場所が成りました。「みかぐらうた」がつくられ、おつとめのときの節づけと手振りが教えられています。また、かんろだいの寸法と形が示されました。明治八（一八七五）年には、それが据えられるべき地点である「ぢば定め」が行われています。こうして、形のうえの段取りは着々と整えられていきました。あとは心づくりと実行があるばかりになります。

それゆえ、教祖は、終始そのことをお急《せ》き込みになりました。しかし、事はそれほど容易ではなかったのです。おつとめは、厳しい取り締まりと干渉の眼《め》を避けて勤めなければならなかったからです。このおうたは、そうした状況を背景にして言われたものです。

「ともかく、すべてをあげて早くつとめの準備を進めるがよい。これまでのことを考えると、いろいろ不安があるかもしれないが、神が引き受けて守護するから、決して恐れることはない。だから、神の言うとおり、つとめにかかる心を定め、よく思案して、つとめの人衆をそろえる段取りを運ぶようにせよ。そのことを神は急いでいるのである。そして、できるだけ早く、みなが心をそろえて、しっかりつとめをするならば、間違いなく、世界の真の治まりが実現することになるであろう」

ここで見るように、教祖は何の妥協《だきょう》もなく、おつとめの実行を促されています。神が請《う》け合うから、外からの反対や干渉など決して怖がることはないと、断固とした言い方をなされています。混沌《こんとん》から宇宙的な調和と秩序へ、というのが親神様の創造のはたらきの構図ですが、ここでいま進められている世界たすけは、まさに、「混沌から秩序へ」という創造のはたらきを投射した道として示されているわけです。「このつとめこれがこのよのはぢまりや」（十五号29）とも述べられています。

理と情の板挟みの極限で

いま、て八四十三ねんいせんから
あしをなやめたこれがしんはい　十五　24

このたびハなんでもかでもこれをはな
もとのとふりにしてかやすでな　十五　25

このはなしなにを月日がゆうたとて
どんな事てもそむきなきよふ　十五　26

この第十五号では、秀司様《しゅうじ》のことに言及されながら諭されている点が目立ちます。歴史のうえでは、秀司様の足の悩みが、立教の直接の機縁になりました。以来、それは癒《い》えることなく、秀司様にとっては不自由に耐えながらの道中でした。

けれども、その苦労はご自身に対する責めではなかったのです。それは、すべての人間をたすけようとされる、親神様の深いおはからいによるものでした。ですから、このおうたからは、秀司様の足を元どおりにしてやりたいという御思《おん》いと、すべての人間を早くたすけたいという御思いとが重なって、神様の親心のもどかしさがはちきれそうになっているのが感じとれます。

「いままで、もう四十三年にもなる以前から、足に悩みをつけてそのままにしてきた。神はそのことをずっと心配している。このたび、それを元のとおりにして返そうと思う。このことについて、これから神が何を言うか分からないが、たとえどんなことを言っても、決して背くことのないようにするがよい」

このおうたに続いて、

「これからの神の頼みは、ほかでもない。それは、教えたとおりにつとめを実行してもらいたいということばかりなのである」（十五号27～28参照）

と述べられています。

およそ、選択、決断を迫られる局面とは、たいていの場合、道理と心情とが背中合わせになっているものです。いわゆる板挟《いたばさ》みの事態です。秀司様は、そうした局面に何度も立っておられます。そして、しばしば、教祖の意思に反する道を選んでおられます。それは、道理が分からなくて安易な道を選ばれたのではありません。教祖の御《おん》身《み》を思い、寄ってくる信者の身を考えての決断なのでした。そしてそこでは、いつも自らを犠牲にしておられます。

そのことを何もかも見通されている親神様は、だからこそ、四十三年以前からの足の悩みを心配していると仰せになっているわけであり、元どおりにするとも述べられているのです。しかし、そこでなおも、言うとおりにおつとめを実行するように求められているのです。厳然とした神一条への教えと言えましょう。

そのようにしたいと思ってもできない秀司様の人間的苦悩は、かくして、消えることはなかったのです。こかん様の場合もそうでしたが、私たちは、こうして「たすけの台」となられたご生涯によって守られていることを、決して忘れてはなりません。

人間としての真実の極点に立った選択

このたびのつとめ一ちよとめるなら
みよだいなりとすぐにしりぞく　十五 88

このはなしなんとをもふてそはなもの
もふひといきもまちていられん　十五 89

はや〳〵となりものなりとたしかけよ
つとめはかりをせへているから　十五 90

親神様の世界たすけの親心の高まりは、直《ただ》ちに、おつとめの実行の急《せ》き込みとなって表現されます。教えられている救済観の筋道からみれば当然と言えましょう。この号では、そうした急き込みの調子が非常に高くなっているのが感じとれます。秀司《しゅうじ》様のことを引き合いに出してまで述べられるところに、たすけ一条の切々たる親心が胸を突いてくるような気さえしてきます。

「このたびは、神がひたすら実行を急き込んでいる〝つとめ〟を止めるようなことがあったならば、名代《みょうだい》なりと、その者から神が退《しりぞ》いて守護を止めてしまうことになる。そばにいる者は、この話を何と思って聞いているのであろうか。神はもう、ひと息つくほどのちょっとの間も待ってはいられない。だから、さっそくに鳴物だけでも出して、つとめができるようにするがよい。神はつとめの実行だけを一途《いちず》に急いでいるからである」

「みよだい」は名代で、代わりにつとめる人のこと。それは秀司様の子息・音次郎《おとじろう》氏をさしていますが、その出直しを予言されたものと考えられていました。しかし、それとかかわりがあるのかどうか、事実は、秀司様が、この号の書かれた翌年の明治十四（一八八一）年四月八日に出直されています。いずれにしても、事態は重大です。秀司様の足の悩みに事寄せて、おつとめの勤修《ごんしゅう》を一層強く求められているのです。「おつとめをすれば――」という救いの道を示唆《しさ》されているにもかかわらず、秀司様は、あえて、その道をとってはおられません。教祖の仰せに沿いたいと思うのは子供の心情であるし、信仰する者の至情でもありますが、その道を選んではおられないのです。仰せどおりにすることによって、教祖の御身《おんみ》や、寄ってくる人々の身に及ぶ迫害のことを案じて踏みきることができなかったのです。みずからのためにするところは一つもありませんでした。人間としての真実の極点に立った選択であったと思います。しかし、親神様は、それを人間思案として退けられるのです。まさに、ぎりぎりの事態の中で、神一条の道の選択を教えられたものと思わずにはおれません。

私は、この「たすけの台」としての道を悲痛な思いで踏みしめて行かれた秀司様の足跡を思い、その厳粛《げんしゅく》な信仰的事実に目頭が熱くなるのを禁ずることができません。それを無にすることがあっては断じてならないと感じています。

小さな賢しらに走らないよう心して

にんけんのめゑにハなにもみへねども
神のめゑにハみなみへてある　十六 72
こしらゑをやるのハしばしまちてくれ
とろみづなかいはめるごとくや　十六 73

だれでもそうですが、人間は、先が見えないことには決断しにくいものです。ですから、教祖は、このときまでに何度も繰り返して、行く手に続く道筋についてことわりを言い、また教え諭してくださっています。しかし、この号が書かれた明治十四(一八八一)年に至っても、それを聞く事情は変わっていなかったのでしょう。神の理に沿うことを求められる語調が、一層強くなっているような気がします。子供可愛《かわい》いと思召《おぼしめ》される親の気持ちが、次第に熱くなってきているのを感ぜずにはおれません。

こんなふうに述べられています。

「これまでは、何もかもすぐに言うことは、じっとこらえて差し控《ひか》えるところがあった。しかし、これからは、進んで神の思いを実現することになるであろう。そのとき、どんなことをするかしれないから、心しているがいい。おまえたちはいままで、ただ人間思案のままに、何ごとも言ったり思ったり勝手にしてきているが、これからは、神が支配するから、何ごとも思いどおりにはいかなくなるであろう（十六号68～71参照）。

人間の眼《め》には、先のことが何も見えてはいないが、神の眼には、すべてが見えている。だから、支度《したく》したものを先方に渡すのは、しばらく待つようにせよ。それはちょうど、どろ水の中へ投げ入れるようなことになるからである」

これは、秀司《しゅうじ》様の子息、音次郎《おとじろう》氏を引き合いに出して言われたものと伝えられています。秀司様が亡くなられたあと、奥様のまつゑ様は、義理の子である音次郎氏の将来について、いろいろに心を配っておられたと思います。

このおうたは、かぞえ二十四歳になられた音次郎氏が田《た》村（現・天理市田町）の村《むら》田《た》家へ婿《むこ》養子に行かれることになったときのものと言われています。まつゑ様は、さほど裕福ではない中を、そのためにあれこれと支度《したく》を整えられました。けれども、教祖は、それはどろ水に投げ込んでしまうような無駄《むだ》な結果になるし、濁《にご》った心をつくることにもなるから、先方へ渡すのを待て、と仰せられているのです。

しかし、まつゑ様は、世間体《てい》もあることですし、結局は田地までもつけて婿養子に出されました。ところが、予言されたとおり、その後、音次郎氏は商売の失敗なども あって素行も治まらなくなり、ついには、財産をすっかりなくしてしまったのです。

この話が、いわば身内のことを台としたものであるだけに、読む者の切実感を誘わずにはいません。

私たちは、常に人間思案の浅はかさを反省し、小さな賢《さか》しらに走らないように心し、見抜き見通しの親神様の教えに安んじてもたれることができる心の幅を身につけたいものです。

信仰者としての課題を確かめて歩く

こんな事はじめかけるとゆうのもな
せかいぢううをたすけたいから　十七 37
それをばななにもしらさるこ共にな
とりはらハれたこのさねんわな　十七 38
しかときけこのさきなるハとのよふな
かやしあるやらこれしれんでな　十七 39

第十七号　37—39

この第十七号の表紙には、ご執筆の年月を示す記載がありません。明治十五（一八八二）年であるとされていますが、それは、この三十八番目のおうたの背景とみなされている史実による推定です。こんなことがあったのです。

教祖は明治十四年の初めから、かんろだいの建設を仰せ出されました。ぢばの標識として据《す》えられ、おつとめの芯《しん》と教えられるかんろだいの建設ですから、みな勇みに勇んで、五月には、滝本《たきもと》村から石を切り出し、普請《ふしん》が始まりました。賑《にぎ》やかなことでした。

秋までに二段まで出来たのですが、思いがけない事情で、中断を余儀なくされました。当局の取り締まりや干渉が次第に激しくなる時期のことです。そして、翌明治十五年五月十二日のこと、突然、奈良警察署長ほか数名の警官がおやしきに乗り込んできて、二段まで出来ていたかんろだいの石を取り払い、教祖の衣類などと一緒に没収していったのです。おうたは、こんな事件を問題にして記されたものといわれています。

「きょうまでは、人間世界創造の元のぢばについて、だれも知る者がなかった。このたびは、その真実を世界中の者に教えたいから、かんろだいを据えることにした。そこが、まさに人間創造の本元の所なのである（十七号34〜36参照）。

神がこんなことを始める理由は、ほかでもない。世界中すべての人間をたすけたいからである。それなのに、この親の思いを何も知らない子供に取り払われてしまった。

まことに残念でならない。こんな状態では、この先、どんなかやし（返し）があるかしれない。よく聞いて承知しておくがよい」

この事情を契機に、「いちれつすますかんろだい」と教えられていたおうたが、「いちれつすましてかんろだい」と変えられています。それとともに、この後、おふできにおいては、世界中の心の浄化を急《せ》き込まれ、それをあくまでも遂行《すいこう》される思召《おぼしめし》の強調が見られます。私はそこに、子供たすけたいばかりの親の叫びにも似たものを感じるのです。未完成だったかんろだいの石の没収は、決して偶然のこととは思えません。

それは、歴史の中で否応《いやおう》なく見つめなければならない事実として、しるしをつけて自覚せしめられた救済史の局面であると言えないでしょうか。私たちは日々の祈りの中で、「いちれつすまして」と唱えながら、信仰者としての課題を確かめて歩かなければならないと思います。

「もう独りで歩けるようにしてある」

いま、でのよふなる事ハゆハんでな
これからさきハさとりばかりや　十七　71

このさきハなにをゆうやらしれんでな
どふぞしかりしやんしてくれ　十七　72

教祖は、明治二（一八六九）年の正月から筆を執《と》って、書き物の形で教えを説かれました。それまで折節《おりふし》に説いて聞かしてきたことを忘れないように、話の台、悟りの規範とするべき肝心なことをまとめて教えられたものと考えます。

このときまでに、すでに親神様による世界救済の構想が明かされました。それを実現する筋道も示されました。そして、救済過程の中で果たすべき課題も、目標も与えられています。なかでも、おつとめの理を教えられ、その段取りをつけられ、その実行を促され急《せ》き込まれているのが注目されます。このおうたは、そのうえに立って述べられているものです。

「神は世界中の人間に、みなわが子のように可愛《かわい》いいっぱいの思いをかけているのに、その親の気持ちを知らずに、みな勝手気ままに、ほこりの心を使っている。そのことを、神は何とも言い尽くせないほどに、もどかしく残念に思う（十七号68～70参照）。もはや、いままでのようなことは言わないことにする。これからは、ただ悟って通るばかりとなるから、この後、どんな話をするかしれないが、どうか、しっかり思案してくれるがよい」

ここで、「いままでのようなことは言わない」と仰せられるのは、決して「何も教えない」と突き放しておられるのではありません。むしろ、「教えるべきことは十分に教えてあるはず」「もう独《ひと》りで歩けるようにしてある」と言われているものと思います。私たちは、これからどんな話を聞き、また、どんな事態に出合うかもしれません。しかし、そこから間違いない道を悟りとり、それを誤りなくたどる方法をすでに与えられていることになります。

教祖は、おふでさきのお筆を止められるころから、熱心な人びとに対し、多くは夜分に、いろいろお話しくださることが多くなったと伝えられています。それは、今日「こふき話」筆写本として残っている内容のものであったようです。しかも、その後、明治四十年まで、いわゆる、おさしづがある時代が続いているのです。おさしづが、主として身上や事情といった個々の問題に即し、願い出に応じて下された神様の指図という性格をもっていますから、これに対するおふでさきは、まさにその規範となる原理的な教示であると言うことができましょう。

おふでさきの最後の一節は、「これをはな一れつ心しやんたのむで」（十七号75）となっています。そこでお筆を止めておられるのです。お言葉の余韻《よいん》が、いつまでも心の中に残って消え去りません。真実の神、元の親への慕情が無性に湧《わ》いてくる思いがします。

「天理教教典」をひもとく

天理教史のページが繰られた日

「我《われ》は元《もと》の神《かみ》・実《じつ》の神《かみ》である。この屋敷《やしき》にいんねんあり。このたび、世界《せかい》一れつをたすけるために天降《あまくだ》つた。みきを神《かみ》のやしろに貰《もら》い受《う》けたい。」とは、親神天理王命《おやがみてんりおうのみこと》が、教祖《おやさま》中山みきの口《くち》を通《とお》して仰《おお》せになつた最初《さいしょ》の言葉《ことば》である。

家人《かじん》は、この思《おも》いがけぬ啓示《おつげ》にうち驚《おどろ》き、再三言葉《さいさんことば》を尽《つく》して辞退《じたい》したが、親神《おやがみ》は厳《げん》として退《ひ》かれぬにより、遂《つい》に、あらゆる人間思案《にんげんしあん》を断《た》ち、一家《か》の都合《つごう》を捨《す》てて、仰《おお》せのままに順《したが》う旨《むね》を対《こた》えた。

時《とき》に、天保《てんぽう》九年《ねん》十月《がつ》二十六日《にち》、天理教《てんりきょう》は、ここに始《はじ》まる。

（第一章　おやさま　三ページ）

言うまでもありませんが、世界たすけの究極の主体者は親神・天理王命様です。そうしますと、教えの体系的説明を内容とする『天理教教典』（以下、教典）は、その最初に、親神様について述べるのが自然の順序のように思われます。ところが、教典の配列は、そうはなっていません。第一章は「おやさま」です。これは、教祖《おやさま》がおられたからこそ、私たちは親神様を知り、その教えに接することができたという歴史的事実から筆を起こしていることになります。たどりやすい理解の道をとったものといえましょう。

しかも、ここで注目すべきは、親神様と私たち人間を直接結んでくださる中山みき様を、教祖様《きょうそさま》でも、御教祖《ごきょうそ》でもなく、「おやさま」とお呼びするようになっていることです。かしこみ改まる感触が少しは希薄になるかもしれませんが、半面、それよりも大事な、どこまでも慕わしい教祖への心情が増幅されていきます。こうして、教典が、にわかに身近に感じられてくるように思うのです。

第一章の冒頭に述べられているのは、親神様の最初のお言葉です。「天の将軍である」と仰せになったという伝承もあります。あるいはこの表現が、絶対権力者のイメージが強く、当時の人には分かりやすかったのかもしれません。「元の神・実《じっ》の神」というのは、原典の表現をとったものです。みかぐらうたに用いられています。おふできにも、類似の用法が見られます。それは、だれも聞いたことがない神様の呼称でした。これに続く言葉の意味も、人びとの理解を超えたものでした。その場に居合わせた人びとの驚きの様子が目に浮かぶような気がします。

「神のやしろ」になるということが、どんなことであるか分からないけれども、そう簡単に引き受けられることではないと思ったに違いありません。当時、みき様はかぞえ四十一歳の所帯盛りですし、乳飲《ちの》み子を含めて四人のお子様を育てておられる最中のことですから、中山家としては受けられないのも当然です。夫の善兵衛《ぜんべえ》様は、言葉を尽くして何度もお断りになりました。修験者《しゅげんじゃ》の中野市兵衛《なかのいちべえ》も、自分が降ろした神であると思っていますから、必死の思いで「お上がりください」と願いました。しかし、なんら状況は変化しません。市兵衛も匙《さじ》を投げました。このようにして、三日間にわたる神様との押し問答が続けられました。

「世界一れつをたすけるために」と言われるけれども、ある意味では、人びとにとって、そんなことはどうでもよかったのではないでしょうか。そもそも寄加持《よせかじ》(※註)をしたのは、一年前から何度も起きた長男の秀司《しゅうじ》様の足痛、それと重なった善兵衛様の眼《め》と、みき様の腰の病、その三人の病の癒《い》やしを願うためであったからです。

「世界一れつ」といえば、「世界中の人間」ということでしょう。それをたすけるためと言われても、この言葉がもつ途方もなく大きな意味を実感することはできなかったに違いありません。それは大和《やまと》の平和な農村で、ささやかな幸せを求めて暮らす人びとの意識とは、はるかに掛け離れた重大な使命であったからです。

そうした中、代わって加持台に立たれたみき様の生命が危ぶまれるようになりました。しかし、神様は厳として退《ひ》かれません。万策尽きた形で、善兵衛様は仰せに従うことを言上《ごんじょう》することになります。そこで初めて、事態の治まりを見ることができたのです。天保《てんぽう》九(一八三八)年十月二十六日朝五ツ刻《どき》(午前八時)でした。

この事実に注目したいと思います。そこには、少なくとも二つの意味があると考えるのです。その一つは、この神様は、決して修験者の祈禱《きとう》によって降りた神ではなかったということです。もう一つは、たとえ救済のみわざを進められるのであったとしても、親神様は、まず承知をさせておられるということであります。

天理教史のページが、こうして繰られることになりました。

※寄加持＝真言密教の密法の一つで、人間の煩悩《ぼんのう》と罪を焼き尽くすとされる護摩《ごま》をたき、仏の加護を祈る儀礼のこと。

うまずたゆまず導かれる教祖

教祖《おやさま》の姿《すがた》は、世《よ》の常《つね》の人々《ひとびと》と異《こと》なるところはないが、その心《こころ》は、親神《おやがみ》の心《こころ》である。しかし、常《つね》に、真近《まぢか》にその姿《すがた》に接《せつ》し、その声《こえ》を聞《き》く人々《ひとびと》は、日頃《ひごろ》の心安《こころやす》さになれて、その話《はなし》に耳《みみ》をかそうとしないばかりか、或《あるい》は憑《つ》きものと笑《わら》い、或《あるい》は気《き》の違《ちが》つた人《ひと》と罵《ののし》つた。

かかる人々《ひとびと》に、親神《おやがみ》の教《おしえ》を納得《なつとく》させるのは、並大抵《なみたいてい》なことでなかつたとはいえ、教祖《おやさま》が月日のやしろにおわす真実《しんじつ》を納得《なつとく》させずしては、いつまでも、たすけ一条の道《みち》は啓《ひら》かれず、陽気ぐらしへの立《た》て替《か》えは望《のぞ》めない。されば、教祖《おやさま》は、頑是《がんぜ》ない子供《こども》をはぐくみ育《そだ》てるように、世《よ》の人々《ひとびと》の身《み》にもなつて、説《と》き聴《き》かせ、或《あるい》は筆《ふで》に誌《しる》し、又《また》は、親神《おやがみ》の自由自在《じゆうようじざい》の働《はたら》きを目《ま》のあたり知《し》らせ、身《み》を以《もつ》て行《おこない》に示《しめ》すなど、うまずたゆまず導《みちび》かれた。

（第一章　おやさま　五～六ページ）

多少の経緯はありましたものの、夫善兵衛《ぜんべえ》様が承知をされた旨を申し上げたことによって、やっと、危機的な状況を脱することができました。同時に、みき様は「神のやしろ」にお定まりになったのであります。

おふでさきで、次のように教えられています。

いまなるの月日のをもう事なるわ
くちわにんけん心月日や
（十二　67）

しかときけくちハ月日がみなかりて
心ハ月日みなかしている
（十二　68）

ごく身近な貸借の譬喩《たとえ》に託して、神のやしろの立場を示されたものです。教祖の「くちハ月日がみなかりて」、親神様は一れつ救済の思召《おぼしめし》を明かされ、教祖は「月日みなかしている」心をもって親神様のおはたらきを実現されることになったのです。そうは言いましても、お姿を見る限り、教祖はこれまでの中山みき様と少しも違ったところはありません。ただ、不思議な親神様のおはからいにおいて、親神様のお心をみずからのお心とされるようになりました。だからこそ、私たちには「おやさま」とお呼びする場、つまり親神様と直接に対話を交わす道が開かれたのですが、また、だからこそ、人びとは容易にその事実の深みを理解することができなかったのであります。

とかく私たちは、理解できないものに対して警戒心を抱くものです。あるいは、それを否定し排除しようとします。浅はかな人間思案ではありますが、当然であるとも言えましょう。天保《てんぽう》九（一八三八）年以後十数年間、教祖はそんな状態の中に身を置かれました。ですから、たえず罵《ののし》りや蔑《さげす》みや嘲笑《ちょうしょう》の言葉の前に立たされました。

おさしづに、次のような一節があります。

十年あとの道は、どんな事を説いても、いか程《ほど》説いても、そんな事は無い、何を言うやらと言うて居《い》たのや。国々の者やない。そこからそこの者でも分からなんだ。

（明治22・11・7）

状況はまさに、このとおりだったのです。

およそ神の啓示の事実を、それとして受容し信仰的に認識することができるかどうかが、その宗教にとって、信仰に生命が通うかどうかの問題になります。多くの場合、その出発点で知的につまずいてしまうものです。つまり、私たちの場合でしたら、教祖のお話が親神様のお言葉であると信じられてこそ、天理教の信仰として成り立つことを知る必要があります。

おふでさきに、

いまゝでハをなじにんけんなるよふに
をもているからなにもハからん　（七　55）

と諭されているところを肝に銘じたいと思います。

したがって、人びとに納得を与え、みずから進んで真実の道につかせるように導かれるための教祖のご苦心は、並大抵のことではなかったと思います。教祖はそこを、限りなく深い「をや」の心づかいをもって教え導いてくださっているのです。

たとえば、もちろん話して教えてくださいました。また、忘れないように、反復銘記することができるようにと、筆を執《と》って記し教えられています。さらには、手を取るように、行為に示して導いてくださいました。それればかりではありません。親神様のご守護を目の当たりに見せて納得を促されています。まさに、届かぬところのない親心と言わなければなりません。

おさしづでは、次のように述べられています。何度もかみしめるべきお言葉でしょう。

神の話というものは、聞かして後で皆々寄合《よりお》うて難儀するような事は教えんで。言わんでな。五十年以来から何《なん》にも知らん者ばかし寄せて、神の話聞かして理を諭して、さあ〳〵元一つの理をよう忘れんように聞かし置く。さあ〳〵それでだん〳〵成り立ち来たる道。

（明治21・8・9）

すべての人間の親として

親神《おやがみ》は、ただに、神《かみ》と尊《とうと》び月日《つきひ》と仰《あお》ぐばかりでなく、喜《よろこ》びも悲《かな》しみもそのままに打《う》ち明《あ》け、すがることの出来《でき》る親身《しんみ》の親《おや》であると教《おし》えられた。そして、一層切実《そうせつじつ》に、親神《おやがみ》への親《した》しみの情《じょう》を与《あた》えると共《とも》に、月日のやしろたる教祖《おやさま》こそ、まことに一れつ人間《にんげん》の親《おや》である、との信頼《しんらい》と喜悦《きえつ》の心《こころ》を、たかめるように導《みちび》かれた。

（第一章　おやさま　一二ページ）

教祖は親神様のお心のままに、おふでさきを記されました。和歌の形で教えられているる千七百十一首がその内容です。世界一れつ救済の真理を啓示されたものですが、それが詩歌《しいか》の形式をとっているところに深い親しみを覚えますし、また、思想的厚みと幅広さをも感じとることができます。肝心なことは繰り返し述べ、譬喩《たとえ》を豊富に用いて理解を助けるなど、細かな配慮が読みとれます。

なかでも注目されるのは、親神様が、ご自分を指して言われるのに、三通りの言葉が用いられているところです。中山正善《なかやましょうぜん》二代真柱様は、この点にいち早く注目され、そのことに関する研究を「『神』『月日』及び『をや』について」(『日本文化《やまと》』第二号〈昭和9年〉に掲載)という論文にまとめられています。この研究でいくつかのことが明らかにされていますが、次の指摘は重要です。

おふでさき啓示の主体者は親神様ですが、そこでの第一人称、つまり「我《われ》が、我の、我に、我を」と述べられるのに、「神」「月日」「をや」の語が使われていること。しかも、その言い換えに込められている意味を確かめられている点です。そのことが、引用した教典本文にまとめられています。すべての人間に親として臨まれている神への理解を促されたものと思います。

ところで、その「親なる神」が、まさに親であることの真実を、その身において証《あか》し示されているのが教祖であります。

こんな話が伝えられています。船場《せんば》大教会初代会長の梅谷四郎兵衛《うめたにしろべえ》先生が信仰して間もないころのこと、おやしきでは、ちょうど御休息所の普請《ふしん》中でした。左官職であった先生は、大阪から壁塗りのひのきしんに来ていました。ところが、そんな先生のことを、「大阪で食い詰めたから」などと陰口を言う者がいたのです。そのことに我慢しきれなくなった先生は、大阪へ戻る決心をして夜中に部屋を抜け出しました。その当時、教祖は中南《なかみなみ》の門屋にお住まいでした。その横を通って門を出ようとしたとき、教祖の小さな咳《せき》払いが聞こえました。その瞬間、先生は思わず心の中で「あっ、教祖」と叫びました。同時に、なんとも言えず懐かしく慕わしい気持ちが胸いっぱいに広がりました。そして、「こんなふうにお別れしてしまったら、二度と教祖にお目にかかれなくなる」。とっさにそう思って、大阪へ戻る決心をひるがえしたということです（『稿本天理教教祖伝逸話篇』一二三「人がめどか」参照）。

たすけてくださった教祖、見抜き見通しの教祖、ふところ深く包み込むように温かくお導きくださる教祖、そのような教祖を、当時の人びとは無条件にお慕いしたことと想像します。おふでさきで、次のように教えられています。

　とのよふなたすけとゆうもしんちつの
　をやがいるから月日ゆうのや　（八　46）

　ここでの「をや」は、明らかに教祖を指していると思います。親神様が表に現れ、人間救済のおはたらきを現成されるためにこそ、お定まりくださった「神のやしろ」であることが確認されるおうたであると言えましょう。

　おふでさきの中で、をやという言葉が使われる場合、時として、親神様のお立場と、教祖のお立場とが、意味のうえで重なっているような個所を見いだします。そこに、親神様のやしろとしてご守護くださる一れつ人間の親の姿が、浮き彫りにされているような気がするのです。

　私たちは歴史の中で、そのような教祖との出会いの事実をもちました。それは歴史的事実の相対性を超えた永遠の真実なのですが、これを歴史的事実として共有していることの意味は、決して小さくはありません。私たちが、常に教祖の面影を追いながら、天理王命を親と仰ぐ信仰を求めているゆえんであります。

教祖ご存命の真実とその信仰

教祖《おやさま》は、口《くち》に、筆《ふで》に、又《また》、ひながたによつて、種々《いろいろ》と手《て》を尽《つく》し、心《こころ》を配《くば》つて教《おし》え導《みちび》き、陽気ぐらしへのたすけ一条の道《みち》をはじめられた。更《さら》に、深《ふか》い思《おも》わくから、親神《おやがみ》天理《てんり》王命《おうのみこと》の神名《かみな》を、末代《まつだい》かわらぬ親里《おやざと》ぢばに名附《なづ》け、又《また》、一れつのたすけを急《せ》き込《こ》む上《うえ》から、姿《すがた》をかくして、存命《ぞんめい》のまま、恆《つね》に、元《もと》のやしきに留《とどま》り、扉《とびら》を開《ひら》いて、日夜《にちや》をわかたず守護《しゅご》され、一れつ子供《こども》の上《うえ》に、尽《つ》きぬ親心《おやごころ》をそそがれている。

まことに、人《ひと》は、ただ教祖《おやさま》によつて、初《はじ》めて親神《おやがみ》を拝《はい》し、親神《おやがみ》の思召《おぼしめし》を知《し》る。教祖《おやさま》こそ、地上《ちじょう》の月日《つきひ》におわし、我等《われら》の親《おや》にてあらせられる。

（第一章　おやさま　一三〜一四ページ）

第一章の最後の段落です。教祖のお立場について説明されている章のまとめの部分になっています。

前に述べましたように、私たちは、ただ教祖においてのみ親神様を拝し、教祖の口や筆や行為を通して親神様の思召《おぼしめし》を知ることができました。決して、それ以外の道をたどる信仰をしているのではありません。この点の確認が何よりもまず大切だと思います。

もちろん、天理教の信仰は親神様に対するものですが、また一面において、教祖中心の実態があるのは、そのためです。「教祖こそ、地上の月日におわし、我等《われら》の親にてあらせられる」と述べられているところです。

ところで、「地上の月日」とは、この世に現れた親神という意味でしょう。それならば、地上の存在である私たちにとって、教祖はまさに「天理王命」とお呼びすべき方ということになります。ところが、教祖は、みずから負われるべき天理王命の神名を「ぢば」に名づけられています。特定の土地を神としたり、聖化して尊ぶ信仰の様態は、あちこちに見られる宗教現象ですから、そのこと自体は人びとにとって、かならずしも特異なこととは映らなかったかもしれません。では、それが「深い思わくから」なされたといいますが、それはどんな理由による決定だったのでしょうか。

こふき話の中に、「人間創造の元なる『ぢば』であるから」と述べられています。また、そこでは、教祖がやしろとおなりくださったのも、「元初《もとはじ》まりの親の役割を果たされた魂の者である故《ゆえ》に」と述べられています。親神様による人間世界創造の話の筋のうえにのせた説明です。そこを裏返して見ますと、いずれも親神様のおはたらきの地上的発動の姿であると言うことができましょう。「地上における〝月日の社《やしろ》〟と〝元なるぢば〟とは、共に天理王命の所在であつて、云《い》わば地上における天理王命の〝動〟と〝静〟との姿」（中山正善著『続ひとことはなし　その二』一六二ページ）であるという論が立つことになります。

およそ、ものの名称は、それとのかかわりを自覚化するために有用だと思います。たしかに、絶対者に名称は不要という理論は認められますが、それにもかかわらず、神名についても、やはりそのことは言えるように思います。つまり、私たちは、その名を呼んで祈念することにより、親神様への信仰的指向性を明確に自覚することができるのではないでしょうか。

　そう考えますとき、神名をぢばに授けられたことの意味が、はっきり見えてくるような気がします。それは教祖が御身《おんみ》をかくされた後、人びとが信仰の目標を失って迷うことがないように、という親心のはからいではなかったでしょうか。

　教祖については、なお論及すべき重要なかどめがあります。それは「教祖存命」という教理です。明治二十（一八八七）年陰暦正月二十六日、教祖はその現身《うつしみ》をおかくしになりましたが、その後も、神のやしろとしての神的存在性は存続し、一れつたすけのおはたらきを現成されているという教えです。おさしづに、次のような一節が見られます。


さあ〳〵皆よう思《し》やんをして掛かれば危ない事は無い。影は見えぬけど、働きの理が見えてある。これは誰《たれ》の言葉と思うやない。二十年以前にかくれた者やで。なれど、日々働いて居《い》る。案じる事要《い》らんで。勇んで掛かれば十分働く。

（明治40・5・17）


二十年以前にかくれた者といえば、教祖のことを指して言われていると思います。

この教祖ご存命の事実とその信仰が、どれだけ大きな力を人びとに与えているか計りしれません。

かつて北の上段の間で、あるいは、中南《なかみなみ》の門屋や御休息所で、教祖にお目にかかった現実が、いまや教祖殿に現前し、常に、帰り集う人びとの信仰的感動を呼び覚ましているゆえんです。

おつとめ――人間創造のおはたらきを再現

つとめてもほかの事とわをもうなよ
たすけたいのが一ちよばかりで　一六　65

この親心《おやごころ》から、よろづたすけの道《みち》として教《おし》えられたのが、つとめ一条である。

このよふをはじめかけたもをなぢ事
めづらし事をしてみせるでな　六　7

このよふをはじめてからにないつとめ
またはじめかけたしかをさめる　六　8

このつとめは、親神《おやがみ》が、紋型《もんかた》ないところから、人間世界《にんげんせかい》を創《はじ》めた元初《もとはじま》りの珍《めずら》しい働《はたら》きを、この度《たび》は、たすけ一条の上《うえ》に現《あらわ》そうとて、教《おし》えられたつとめである。

（第二章　たすけ一条の道　一五〜一六ページ）

第二章では、天理教救済観の機軸となる事項が説明されています。タイトルは「たすけ一条の道」ですが、これは親神様が、世界中の人間をたすけたいという、いちずな思召《おぼしめし》をもって教えられた救済の道、ないしは方法という意味で言われていると思います。主として「おつとめ」と「おさづけ」のことが述べられています。

まず、おつとめについてですが、一般的な見方からすれば、それは天理教の信仰儀礼の一つということになるかもしれません。外面的には、そのようにも言えましょう。けれども、おつとめは、人間がみずから立てた目標の達成を図って、あるいは、自己が抱える問題の解決を期待して考案したものではないのです。親神様が人間救済の親心から、私たちのために教えてくださった、あるいは開いてくださった、たすかりの方途《ほうと》なのです。私たちのほうから言えば、それは救済を願う祈りの儀礼ということになりましょう。この、親神様・教祖によって教えられたという点の認識は重要であります。

ところで、それは人間世界創造の親神様のおはたらきを象徴的に表現したものであるといわれます。ですから、おつとめを勤めるということは、親神様の人間創造のご守護を、この地上世界で再現することになるわけであります。それによって、創造の原初が歴史的時間の中に浸透し、そこに聖なる空間が開け、聖なる時間が流れると、このように考えることができるのです。そして、人間創造の神秘が、この歴史的現実の中に充満し、人間創造の守護が、いまや人間救済の守護として再現すると教えられるのであります。

何もないところから人間をはじめ、すべてのものを創造するということは、私たちの考えの及ぶところではない不思議でありますが、親神様は、おつとめの勤修《ごんしゅう》を回転軸にして、ここに再び、そのお力を救済の不思議として発動すると明言されているのです。

およそ、おつとめを抜きにした信仰生活は考えられません。ある意味で、おつとめは、私たちが親神様と真正面から向き合う局面であると言えるように思うのです。

確かな感触として、私たちは、親里に帰ってかぐらづとめに参拝し、あるいはそれぞれの教会で「ぢば」の理を受けて勤めるおつとめに参与しながら、成人への歩みを進めているように思います。

二代真柱様は、第十回国際宗教学宗教史会議での研究発表において、おつとめの地《じ》歌《うた》として教えられた「みかぐらうた」の説明に、「生命的教導」という言葉を使われています（「天理教教義における言語的展開の諸形態」――『みちのとも』昭和35年11月号参照）。私は、このことに強い共感を覚えます。おつとめに参じてみかぐらうたを唱和し、あるいはてをどりを勤める中で、知識としての教理がにわかに息づいて身についてくる経験をもった人は少なくないと思うからです。

教祖は元治元（一八六四）年の「つとめ場所」の普請《ふしん》を手はじめに、おつとめ実行のための段取りを着々と進められています。たとえば、慶応《けいおう》二（一八六六）年からは、みかぐらうたとその手振りを教えられ、明治六（一八七三）年には、かんろだいの模型を制作せしめられ、かねて依頼されていた「かぐら面」を明治七年に迎えに行かれ、八年には「ぢば定め」を行い、十年には女鳴物を教えられています。

おふでさきの筆をお執《と》りになった第一号から、すでにおつとめについて言及されていますが、おつとめ実行に対するお急《せ》き込みは、むしろ全号に一貫して見られるところです。言うまでもなく、世界たすけの目的からであります。では、それはどこで、だれによって、どんな様態において勤められるべきものでしょうか。教典では、この点についての説明が続きます。

元なる「ぢば」の理を受けて

つとめでもどふゆうつとめするならば
かんろふだいのつとめいちゞよ　一〇　21

このつとめは、かんろだいをしんとして行《おこな》う。

にんけんをはじめかけたるしよこふに
かんろふたいをすゑてをくぞや　一七　9

かんろだいとは、人間宿《にんげんやど》し込《こ》みの元《もと》なるぢばに、その証拠《しょうこ》としてすえる台《だい》で、人間《にんげん》の創造《そうぞう》と、その成人《せいじん》の理《り》とを現《あらわ》して形造《かたちづく》り、人間《にんげん》世界《せかい》の本元《ほんもと》と、その窮《きわ》りない発展《はってん》とを意味《いみ》する。

（第二章　たすけ一条の道　一六～一七ページ）

ひと口に「おつとめ」と言った場合には、「かぐら」と「てをどり」の二つの部分から成る全体を指しています。もっと言えば、その理を受けて勤められる教会や信者宅における「朝夕のおつとめ」、随時の「お願いづとめ」をも含んでいます。教典に述べられているのは、そのうちの「かぐら」と称しているものを主としていますが、これは、おつとめの根幹部分に当たります。

おふでさきでは、いくつか呼称を変えながら、おつとめの意味や勤め方を教えられています。

つとめでもどふゆうつとめするならば
かんろふだいのつとめいちぢよ　（十　21）

まず、このおつとめは、親神様の創造のご守護を象徴的に再現したものであるといわれますから、それが勤められる場所は、人間創造の根源的地点である「ぢば」に限られます。したがって、元のぢばに、その証拠として据《す》えられる「かんろだい」を中心にして勤められるべきであることを、「かんろだいのつとめ」と呼んで教えられています。

「ぢば・かんろだい」への信仰は、あえて言いますと、すべてを動かし、天地を貫く宇宙軸信仰に比して見ることができるかもしれません。そこが人間生命発現の中心と教えられ、だからこそ、すべての存在の根源をなす地点であるとする信仰が生きて集まるからであります。また、次のおうたが見られます。

りうけいがいさみでるよとをもうなら
かぐらつとめやてをとりをせよ　（一 14）

農作物が勢いよく育つことを願うならば、おつとめをするようにと教えられたものです。ここに「かぐらづとめ」の呼称が用いられています。選ばれたつとめ人衆が、それぞれにお面をつけて、唱えるおうたに合わせ奏でる鳴物の調べにのって、人間創造の親神様の所作《しょさ》を表して勤めるものだからです。

一般的な言い方をしますと、面とか仮面は変換の装置として機能すると考えることができます。その意味では、親神様のご守護を念じ込めた、かぐら面をつけて踊る世界は、まさに時間と空間を超えた、神秘が支配する広がりへと化していることになります。

そのようにして勤められる「かぐらづとめ」によって、汲《く》めども尽きぬ世界再生のエネルギーが、元なるぢばから流出すると考えることができます。親神様のめずらしいご守護の展開と言えましょう。

さらにまた、このおつとめを次のようにも述べられています。

　またさきのよふきづとめをまちかねる
　なんの事ならかぐらつとめや　（四　29）

おつとめが、陽気ぐらしを願い、その実現を祈念して勤めるものだからであると思います。それと同時に、つとめ人衆はもとよりのこと、そこに参ずる者みな一つ心に溶け合って、陽気に勇んで勤めるべきであることを示されているとも考えます。「よふきづとめ」と呼ばれるゆえんです。

このようにして、親神様による救済のご守護は、あらゆる存在の「いのち」の根源であるぢばを発動の原点として、すべてに及ぼされているのであります。「たすけづとめ」と呼ばれているところです。

　いまゝてにない事ばかりゆいかけて

よろづたすけのつとめをしへる　（六　29）

まさしく私たち人間は、元なる親神様により、元なるぢばの理を受け、創造の元なる目的にふさわしい真の存在へと生命づけられていくことになります。おつとめは、そうした消息を如実に表現して勤められます。

教祖は「かぐらづとめ」とともに、さらに「てをどり」を教えられました。

どのよふなたすけするのもみなつとめ

月日ゆうよにたしかするなら　（七　83）

私たちは、このおうたに導かれながら、ぢばの理にならい、その理を汲んで、これらのおつとめを、教会をはじめ、いろいろな場所で勤めているのであります。

人類救済の「よろづたすけ」の道

たすけでもあしきなをするまてやない
めづらしたすけをもているから　一七　52
このたすけどふゆう事にをもうかな
やますしなすによハりなきよに　一七　53

たすけづとめは、ただ、身上《みじょう》のさわりや、災難《さいなん》や、苦悩《くのう》をたすけるつとめであるばかりでなく、進《すす》んでは、病《や》まず、死《し》なず、弱《よわ》らない、珍《めずら》しい守《しゅ》護《ご》をなされるつとめである。

（第二章　たすけ一条の道　二〇ページ）

私たちは「たすけづとめ」を契機に、たすけられてどこへ行くのでしょうか。教典では、そのことについての説明が続きます。

ここでまず、教典の本文にも引用されている、おふでさき十七号52、53のおうたに注目したいと思います。それによりますと、たすけると言っても、決して「あしきなをするまでやない」と仰せられます。「あしきなをする」とは、悪くなった状態を修復し元の状態に戻す、という意味だと思います。たとえば、健康を損ねて病気になったところ、元どおりの健康を回復させるなどのことでしょう。

たしかに、それは大きな救いでありますが、単にそればかりではなく、いまだその例を見ない「めづらしたすけ」を現すであろうと言われるのです。そして、さらに具体的に、それは病むことなく、死ぬことなく、弱ることのない人生であると教えられるのであります。そのうえ、他の個所（三号99、100）では、人間の寿命を一様《いちよう》に百十五歳と定めたいとも言われ、また心次第では、いつまでも人生を楽しむがよいとも仰せになっています。つまり、私たちが百十五歳の寿命を全《まっと》うするまで、病むことも途中で死ぬことも、また老いて弱ることもなしに暮らすことができるように、という親心を示されているのです。

私たちは、ちょっと油断をしていると病気にかかります。時には、死の不安にさらされます。年をとると生きる力の衰えが出てきます。つらいけれども、これが生きている定めなのかと、みなが黙って耐えているところだと思うのです。それほど人間にとって重大な問題ですが、親神様は事もなげに、「やますしなすによハりなきよに」と約束してくださっています。驚くべき断言であります。こうした宣言は、親神様以外のなしうるところではないでしょう。そこに親神様の力を感ぜずにはおれません。

みかぐらうたにも「やまひのねをきらふ」（二下り目8）というお言葉があります。根を切るとは、根本的ないしは完全な解決という意味でしょうが、そうしますと、絶対に病むことがないようにしてやろうとの教えであります。このことは決して、破綻《はたん》を繕《つくろ》ったり、欠け落ちたところに補いをつけて元に返すというようなことではありません。それは質的転換というべき消息であり、不思議なたすけと言わなければなりません。おふでさきで、このようにも教えられています。

いまゝてにない事ばかりゆいかけて

よろづたすけのつとめをしへる　（六 29）

すべてにわたる救済という意味の「よろづたすけ」だと思います。いままでにない話ばかりをするようであるが、おつとめによって、どんなことでもたすけようと述べられているのです。病からの救い、生活の中で抱えるさまざまな苦悩の救済、農作物の実りの守護、たとえば「とりめがさだまりた」（一下り目10）とありますように、収穫量が過不足なく安定するようにしようとも仰せられるのです。

それればかりではありません。続けてみかぐらうたを引きますと、「むほんのねえをきらふ」（二下り目6）とあります。「むほん」とは、あるものにそむき逆《さか》らうことです。それは、おのずから対立、抗争の構図を生むことになりますから、その意味に理解してもよいと思います。私たちは、とかく自己本位の生き方に走り、醜《みにく》い争いの渦《うず》の中へ落ち込みがちなのでありますが、そうした争いの根を断ち切り、すべての人間が互いに睦《むつ》みたすけ合う世界への立て替え、真の人類平和の守護を請《う》け合ってくださるというのであります。

はや〳〵と心そろをてしいかりと

つとめするならせかいをさまる　（十四　92）

こうした世界の治まりもまた、おつとめを通して現される親神様のおはたらきにほかありません。だからこそ、教祖は常におつとめの勤修《ごんしゅう》をお急《せ》き込みになりました。そして、

それまでにせかいぢうをとこまでも
むねのそふぢをせねばならんで　（十七　11）

と諭されます。私たちはこのお言葉を体し、おつとめを勤めるにふさわしい心の入れ替えに努めなければなりません。みかぐらうたの歌声の中で信仰心を養いながら。

おさづけ──たすけ一条への恵み

親神《おやがみ》は、更《さら》に又《また》、いき・てをどりのさづけによつて、身上《みじょう》たすけの道《みち》を教《おし》えられた。

このさきハなんほむつかしやまいても
いきとてをどりみなたすけるで　二　50
どのよふなむつかしくなるやまいでも
これなをらんとゆうでないぞや　二　51

即《すなわ》ち、さづけは、親神《おやがみ》が一名《めい》一人《にん》の心《こころ》の真実《しんじつ》を見定《みさだ》めて、たすけ一条のために渡《わた》される、こうのうの理《り》である。人々《ひとびと》が、授《さず》かつたその日《ひ》の心《こころ》を生《しょう》涯《がい》の理《り》に治《おさ》めて、陽《よう》気《き》普《ぶ》請《しん》のよふぼくとなり、天《てん》の理《り》を取《と》り次《つ》がせて頂《いただ》くところ、親神《おやがみ》は、願《ねが》う心《こころ》の誠真実を受《う》け取《と》り、自由自在《じゆうようじざい》の守護《しゅご》をもつて、いかなる難病《なんびょう》をもたすけられる。

（第二章　たすけ一条の道　二二〜二三ページ）

身を病むことには、だれかれの区別はありません。社会的立場が高いとか低いとか、あるいは、財産があるとかないとかに関係なく、一様《いちよう》に苦しくつらいものです。病が重く苦痛が大きければなおさらのこと、名誉も地位も財産もいらない、早く苦痛から解放されたいと願うことでしょう。

その願いを受けとめ、身上病むところたすけようと思召《おぼしめ》されてお渡しくださるのが「おさづけの理」であります。

親神様は、よろづたすけの道として、おつとめを教えてくださいましたが、そのうえになお、身上たすけの道を教えてくださったのです。そればかりではありません。めずらしい安産のご守護を下さる「をびや許し」をはじめ、「お守り」や「御供《ごく》」を出してくださってもいます。いずれも個別的な救済の手だてと言えましょう。私たちは、このように、いわば救済の手だてが幾重にも用意されているのを知ることができます。親神様の限りない親心の現れであると言わなければなりません。

ここに、どんなに治りにくい病であっても、「いきとてをどりみなたすけるで」と述べられていますが、これは「息のさづけ」や「てをどりのさづけ」によって、難しいところをすっきりとたすけてやろうと仰せられるのです。「てをどりのさづけ」には、取り次ぐときの言葉と手ぶりから区別して、「かんろだいのさづけ」と「あしきはらいのさづけ」と呼ばれるものがあります。現在戴《いただ》いているのは、「あしきはらいのさづけ」だけです。

「さづけ」とは「授け」であり、親神様のご守護の授けという意味を含んでいます。ですから、おさづけの理は、親神様・教祖から渡されるもの、おさづけは取り次がれるべきもの、そしてそれは、戴くことができるもの、というように考えることができます。

つまり、親神様の救済のご守護の理が、病む人に授かるようにと祈る、いわば理の資格を渡していただいた人は、そのご守護を取り次ぐことになりますし、親神様のたすけの恵みが、取次人を通して伝えられて身上病む人に及び、不思議なたすかりを見ることができるということになります。

おさづけの理は、親神様が一名一人《いちにん》の真実の心を見定めてお渡しくださる「こうのう の理」であるという説明があります。真実を、また誠とも言いますが、この心については、人をたすける心であると教えられます。また、こうのうの理は、親神様の鮮やかな救済のしるし、あるいは証拠を見せていただける方途《ほうと》という意味に解することができるかと思います。

一れつたすけの親心をもっておはたらきくださっている教祖のお力にすがって、誠真実の思いを足元の暮らしの中に具現していくのが、よふぼくを自覚する者の生き方でありましょうが、天理教教規では、おさづけの理を拝戴《はいたい》した者を「よふぼく」と規定しています。詳しくは第九章に説明がありますが、もちろん、よふぼくを、これに限定したものとして教えられてはおりません。おそらく、最も切実で端的な救済の場面が身上たすけであるところから、照準をそこに合わせて決めた条文と考えます。

ところで、おさづけは取り次がなければなりません。親神様、ご存命の教祖が、いつでも、どこにあっても、一れつたすけのためにおはたらきくださっているからであります。そのご守護の理を取り次ぐのですから、当然ですが、真っすぐに十分に伝える必要があります。もし、取り次ぐ者の心の真実に曇《くも》りがつくことになれば、親神様のたすけ一条の恵みが及ぶ過程を損なうことにもなってしまいます。まさに、願う心の誠真実こそ大切であります。

もう一つ、大事な問題について言いますと、この親心の恵みであるおさづけは、たすけを願って自分に取り次ぐものではなく、他の人のたすかりのために取り次ぐべきものであると教えられています。このことの認識をさらに深く掘り進めていけば、きっと、天理教救済観の原鉱を掘り当てることになると思います。

人間創造の真理――「元の理」

親神《おやがみ》は、陽気ぐらしを急き込まれる上《うえ》から、教祖《おやさま》をやしろとして、この世《よ》の表《おもて》に現《あらわ》れた、奇《く》しきいんねんと、よふきづとめの理《り》を、人々《ひとびと》によく了《りよう》解《かい》させようとて、元初《もとはじま》りの真実《しんじつ》を明《あ》かされた。

この世《よ》の元初《もとはじま》りは、どろ海《うみ》であつた。

（第三章　元の理　二五ページ）

第三章は「元の理」です。元の理とは、根源の真理ないしは「ことわり」、あるいは根本の真実という意味の言い方です。そして、親神様が人間を創造された話が、この章の内容となっています。そのことを突き詰めて言いますと、元の理は人間創造の話によって明かされ、人間創造の話は元の理の話であるということになります。

教祖をやしろとして顕現《けんげん》された親神様は、世界たすけの思いを明かし示され、それを実現する道として、おつとめを教えられました。これまで第一章と二章において読んできたところです。

では、なぜ中山みき様が「神のやしろ」にお定まりになったのでしょうか。その場所が、なぜ中山家の屋敷においてであったのでしょうか。また、どうして、それの起きたのが天保《てんぽう》九（一八三八）年十月二十六日だったのでしょうか。そしてさらには、教祖のお答えを期待して、私たちは「なぜ、おつとめによって世界たすけが実現するのでしょうか」とお尋ねすることにもなりましょう。

「元初《もとはじ》まりの話」は、こうした問いに対応するかのようにして、根拠を明かし教えられたものであります。「たすけの理話」であると言われるゆえんです。教典第三章における書き出しの説明が、そのことを述べています。この創造の物語は、すでにおふでさきにおいて、その骨格が示されていますが、教祖はその筆を擱《お》かれるころより、熱心な人びとに対し、しきりに、この種のお話をお聞かせくださったということです。その人たちの手になる「こふき話」本が伝承されています。

ところで、教典の中にまとめられている話は、形態からすれば、創造（成）神話でありますす。神話は多くの場合、現存する事象の由来を説明するものとして生かされますが、この話もある意味では、そうした神話的手法をとったものと見なされるかもしれません。しかし、決してそれらと同日に論じられるべきものではないと思うのです。

明治七（一八七四）年陰暦十月のある日のこと、あの、大和《おやまと》神社でのいわゆる神祇《じんぎ》問答事件があった翌日、石上《いそのかみ》神宮から五人の神官が取り調べに来て、「それが真《まこと》なれば、学問は嘘《うそ》か」と詰め寄るのに対し、教祖は厳然として、「学問にない、古い九億九万六千年間のこと、世界へ教えたい」と仰せになりました。

私たちは、その事実を重く考えずにはおれません。元の理の話が、神話を超えた親神様の話であること、たすけの理話であることを銘記しなければなりません。言うまでもなく、この話は単に人間世界の起源を語り、生成の事実そのものを説明するためのものではなくて、救済の過程を教え、それの根拠を示されたものだからです。したがって、象徴的表現を豊富に含みもった話の中から、その意味を読みとる必要があると思うのです。

いまゝでにないたすけをばするからハ
もとをしらさん事にをいてわ　（九　29）

と明言されています。あえて言えば、このお話に、親神様による人間救済史の原像を見ることになるのでしょうか。

教典では、本文より一段下げた形で、この話の大要を載《の》せています。それはまず、この世の原初がどろ海であったという叙述から始まります。かつて、この話を「泥海《どろうみ》古記《こうき》」と呼んでなじんできたことがあるのも、これに基づいたものと思います。どろ海とは、混沌《こんとん》としてなんら存在の原型すらない創造以前の消息を、具象的表現にのせて伝えられたものと考えます。また、そこを、現在的に解して、たすけを必要とし秩序を求める事態、カオスであると見ることもできるでしょう。

つまり、無からの人間世界創造の物語を、救済論的に、カオス（混沌）からコスモス（秩序）へという図式において理解することも可能であると思うのです。

親神様による人間創造の設計

月日《つきひ》親神《おやがみ》は、この混沌《こんとん》たる様《さま》を味気《あじけ》なく思召《おぼしめ》し、人間《にんげん》を造《つく》り、その陽気ぐらしをするのを見《み》て、ともに楽《たの》しもうと思《おも》いつかれた。

そこで、どろ海中《うみなか》を見澄《みす》まされると、沢山《たくさん》のどぢよの中《なか》に、うをとみとが混《まじ》つている。夫婦《ふうふ》の雛型《ひながた》にしようと、先《ま》ずこれを引《ひ》き寄《よ》せ、その一《ひと》すじ心《ごころ》なるを見澄《みす》ました上《うえ》、最初《さいしよ》に産《う》みおろす子数《こかず》の年限《ねんげん》が経《た》つたなら、宿《やど》し込《こ》みのいんねんある元《もと》のやしきに連《つ》れ帰《かえ》り、神《かみ》として拝《はい》をさせようと約束《やくそく》し、承知《しょうち》をさせて貰《もら》い受《う》けられた。

続《つづ》いて、乾《いぬい》の方《ほう》からしやちを、巽《たつみ》の方《ほう》からかめを呼《よ》び寄《よ》せ、これ又《また》、承知《しょうち》をさせて貰《もら》い受《う》け、食《た》べてその心味《こころあじわい》を試《ため》し、その性《しょう》を見定《みさだ》めて、これ等《ら》を男一《おとこいち》の道具《どうぐ》、及《およ》び、骨《ほね》つっぱりの道具《どうぐ》、又《また》、女一《おんないち》の道具《どうぐ》、及《およ》び、皮《かわ》つなぎの道具《どうぐ》とし、夫々《それぞれ》をうをとみとに仕込《しこ》み、男《おとこ》、女《おんな》の雛型《ひながた》と定《さだ》められた。

（第三章　元の理　二五〜二六ページ）

元初《もとはじ》まりの話は、まず創造の目的を明示するところから始まっています。つまり、人間が陽気ぐらしをするのを見て、親神様も共に楽しもうということです。陽気ぐらしについては第十章で説明するので、いまは言及しません。ともかく、親神様によってつくられた人間には、この親神様の創造の意図が込められているのです。それを魂に深く刻んで生きるということになります。

この認識をさらに広げますと、私たちは一人の例外もなく、陽気ぐらし実現の可能性をもっていることに思い至ります。そして、その可能性を開発し実現することが人生の意義であり、人間としての本来の生き方であると確認することができます。この理解は、希望をもって生きてこそ満たされる人生であることを思えば、きわめて大切であることが分かります。

次いで、話は創造の段取りに掛かります。どろ海の中から、まず「うを」と「み」を引き寄せられています。夫婦の原型として使おうとされたのです。

ここに、どろ海中を見澄まして、「うを」と「み」を見いだしたという叙述が見られます。そうなりますと、どろ海自体がそうですが、この二つの動物が、親神様の存在以前か、少なくとも同時に、存在していたのかという疑問が生じてきます。論理的にはそうなるでしょう。しかし、この話は、それに答えなければならないたぐいの話ではありません。

前にも話しましたが、これは現象の説明ではなく、「理の話」だからです。無からの創造の守護を、具体的な過程をもつ象徴劇に仕立てて語られたものと言えるからです。真実なのは、何もないところから親神様が人間をおつくりになったということです。普通の理屈では、存在していたからそれを見る、ということになりますが、ここでは、どろ海という場面をも含め、すべてが親神様の創造のおはたらきの中のことであると理解すべきでしょう。存在するものを見たのではなく、見澄まされたから、その存在を得たと理解すべきだと思うのです。つまり、親神様による人間創造の設計が、「見澄まされる」ことによって明確になり、具体化されるところを表現しているものと考えます。

親神様は引き寄せた「うを」と「み」の、真っすぐで変わらない心を見極められたうえで、それらが人間の親としてはたらくことの了解を求められました。そのときの約束が、「最初に産みおろす子数の年限が経《た》ったなら」「元のやしきに連れ帰り」「神として拝をさせよう」ということでありました。この約束の現成こそ立教の事実であって、そのいわれを創造の元にさかのぼって説き明かされていると見ることができます。天保《てんぽう》九（一八三八）年、中山家の屋敷で、教祖が「神のやしろ」にお定まりくださったということが、決して、たまたまの出来事ではないことを示されたものです。

次に、道具としてはたらくものを調《ととの》えてゆく話が続きます。道具は使い手のはたらきの延長と考えることができますが、まず、乾《いぬい》（西北）の方から「しゃち」、巽《たつみ》（東南）の方から「かめ」を呼び寄せられました。そして、その資質を見定めたうえで、性を別《わ》けて明らかにする道具とされました。それぞれ「うを」と「み」とに仕込んで、男、女の雛型《ひながた》を決定されたのです。

ところで、話では、この後さらにいろいろな動物が登場しますが、それぞれに方位をもっていることが注目されます。それは空間を示唆《しさ》していますし、相対や相補などの関係の条件づけともなります。そして何よりも、おつとめ勤修《ごんしゅう》における、つとめ人衆の配置の決定という重要な意味が生まれてきます。

親神様による人間創造のみわざ

かくて、雛型《ひながた》と道具《どうぐ》が定《さだま》り、いよいよここに、人間《にんげん》を創造《そうぞう》されることとなつた。そこで先《ま》ず、親神《おやがみ》は、どろ海中《うみなか》のどぢよを皆《みな》食《た》べて、その心根《こころね》を味《あじわ》い、これを人間《にんげん》のたねとされた。そして、月様《つきさま》は、いざなぎのみことの体内《たいない》に、日様《ひさま》は、いざなみのみことの体内《たいない》に入《い》り込《こ》んで、人間創造《にんげんそうぞう》の守護《しゅご》を教《おし》え、三日《か》三夜《よさ》の間《あいだ》に、九億《おく》九万《まん》九千九百九十九人《にん》の子数《こかず》を、いざなみのみことの胎内《たいない》に宿《やど》し込《こ》まれた。それから、いざなみのみことは、その場所《ばしょ》に三年《ねん》三月留《つきとどま》り、やがて、七十五日《にち》かかつて、子数《こかず》のすべてを産《う》みおろされた。

（第三章　元の理　二七〜二八ページ）

さらに月日・親神様は、どろ海中を見澄まされて、東の方より「うなぎ」、坤《ひつじさる》（南西）の方から「かれい」、西の方からは「くろぐつな」、艮《うしとら》（北東）の方より「ふぐ」を引き寄せ、承知をさせて貰《もら》い受けられ、食べて心味《こころあじわい》を試されました。そのうえで、道具として創造のみわざに参画せしめられましたが、そのとき、それぞれに神名を授けられています。順番にあげますと、「くもよみのみこと」「かしこねのみこと」「をふとのべのみこと」「たいしよく天のみこと」の名前です。

なお、神名について、前回述べたくだりに戻って言いますと、親神様の根源的なはたらきを月・日と表現し、それぞれに「くにとこたちのみこと」「をもたりのみこと」の神名を付けて説明されます。また、男・女の雛型《ひながた》と定められたものには「いざなぎのみこと」「いざなみのみこと」を、男・女の特質をあらわす道具として使われたものには「月よみのみこと」「くにさづちのみこと」の名称を授けられました。

ここに出てくるいろいろな動物の姿形や性状から連想されるはたらきを、神のものとして理解させようとされたものと考えます。あるいは、親神様の欠けるところない十全のご守護を、創造のドラマに擬して示されるときの、神聖化の手続きであると言えるかもしれません。

こうして雛型と道具が決まりましたので、いよいよ人間創造のみわざが進められることになりました。

そこでまず、どろ海の中に、たくさんいる「どぢよ（＝どじょう）」をみな食べて、その心根《こころね》を味わい、これを人間の「たね」とされました。いまでは見かける機会が極端に少なくなりましたが、昔の田園地帯では、どろの中でよく見かける生命体と言えば、まず「どじょう」だったのではないでしょうか。しかも、どこにでもたくさんいました。

それを人間の「たね」、つまり、存在の核とされたことが述べられています。ある「こふき本」には、それを「たましい」と書いたものもあります。

あちこちから道具を寄せられたときもそうでしたが、それを食べて心根を見定めておられます。食べるということは、いわば、生命的同一化の過程でありましょう。そう考えますと、複雑多様な創造の叙述ではありますが、それも、ついには親神様のおはたらきに収斂《しゅうれん》されてゆくという話の筋であることに気がつきます。「道具」という言葉が用いられているところにも、そのことを感じます。

さらに話は展開します。月・日様が、それぞれ「いざなぎのみこと」と「いざなみのみこと」に入り込んで、産み出しのはたらきを現されています。言うまでもなく、すべては親神様の創造の守護に集約されるのでありますが、話の筋を追いますと、人間は親神様のご守護によって産み出されて存在するということになります。

この話の展開は重要な意味をもってきます。親神様と人間との関係を、創造者と被造者という冷たい隔絶感から自由にすることになるからであります。親子の感情を育てる土壌となるからです。

三日三夜《みっかみよさ》の宿し込みの話からは、三日三夜に、念じ込めて真実のたねを蒔《ま》くならば、どんなことといえども成就《じょうじゅ》しないことはないという信仰論を基礎づけることになるでありましょう。また、おさづけの取り次ぎにおける三日三夜のお願いについても、ここから、その理合いを汲《く》み取ることができるかと思います。

なお、九億九万九千九百九十九という宿し込みの子数は、実数かそれとも象徴的な数なのか。そんな議論も出てくると思いますが、次回へ送りたいと思います。

出直すごとに成人を遂げる姿

最初《さいしょ》に産《う》みおろされたものは、一様《よう》に五分《ぶ》であつたが、五分《ぶ》五分《ぶ》と成人《せいじん》して、九十九年《ねん》経《た》つて三寸《ずん》になつた時《とき》、皆出直《みなでなお》してしまい、父親《ちちおや》なるいざなぎのみことも、身《み》を隠《かく》された。しかし、一度教《どおし》えられた守《しゅ》護《ご》により、いざなみのみことは、更《さら》に元《もと》の子《こ》数《かず》を宿《やど》し込《こ》み、十月《とつき》経《た》つて、これを産《う》みおろされたが、このものも、五分《ぶ》から生《うま》れ、九十九年《ねん》経《た》つて三寸《ずん》五分《ぶ》まで成人《せいじん》して、皆出直《みなでなお》した。そこで又《また》、三度目《どめ》の宿《やど》し込《こ》みをなされたが、このものも、五分《ぶ》から生《うま》れ、九十九年《ねん》経《た》つて四寸《すん》まで成人《せいじん》した。その時《とき》、母親《ははおや》なるいざなみのみことは、「これまでに成人《せいじん》すれば、いずれ五尺《しゃく》の人間《にんげん》になるであろう」と仰《おお》せられ、につこり笑《わろ》うて身《み》を隠《かく》された。そして、子等《こら》も、その後《あと》を慕《した》うて残《のこ》らず出直《でなお》してしもうた。

（第三章　元の理　二八ページ）

この章の初めに、「元の理」の話が現象的事実の記述というよりは、救済の道筋を説明し根拠づける話であると言いました。その意味では、九億九万九千九百九十九という数を、実数とするのではなく、象徴的な数と理解することになります。漢数字の読み方で、九九九九九九九と並ぶのも一つの味わいですし、一を足せば十分に熟して満ちる形でもあります。よりよき展開の含みが感じられます。

それも大事ですが、ここで問題なのは「子数の年限が経《た》ったなら」という約束のことです。立教の時は、その約束が成就《じょうじゅ》した旬刻限に相当すると教えられている点です。つまり、親神様によって予定された振り替えのできない時間であるという理解です。偶然の時間ではないという認識です。

また「三年三月《みつき》」とどまって、宿し込んだ子数のすべてを産みおろされたと言われますが、それについても、真実のたねをおろし、三年三月の伏せ込みと丹精をすれば、救済の事態はかならず見えてくるという信仰論を導くことができるのではないでしょうか。

話は進みます。最初に産みおろされたものが一様《いちよう》に五分であり、五分五分と成人していくと述べられるところも重要です。すべての人間は原初において同じに歩いた、そのように守護されていると理解できます。本質的にみな同じであるという示唆《しさ》を読みとることができると思うのです。

ところで、九十九年経って三寸になったときに、みな出直してしまいました。そして、父としてのはたらきをされた「いざなぎのみこと」も身をかくしてしまわれました。その後、「いざなみのみこと」は一度教えられた守護によって、また元の子数を宿し込まれ、十月経って産みおろされます。

私たちは、この話のくだりで、たちまちつまずいてしまいます。知的に整理することができないからです。もっとも、このお話の全体が、論理的な理解の枠《わく》の中に入れられるものではありませんし、また論理の整合性を求めるべきものでもないでしょう。何よりも、その意味を読みとることが大切だと考えます。

ここで問題なのは、教祖が神のやしろにお定まりくださったこととの関係だと思うのです。その、やしろとしてのお立場を映し出す原画が見えてくるようには思いませんか。おふでさきで、次のように記されています。

このよふをはぢめだしたるやしきなり
にんけんはじめもとのをやなり　（六　55）

月日よりそれをみすましあまくだり
なにかよろづをしらしたいから　（六　56）

人間創造における産み出しの役割を、表に出て果たされた母なる「いざなみのみこと」がおられる。親神様はそれを見澄まして、教祖をやしろにお定めになったのです。そういう話の筋があるように思います。そして、そのことによって、教祖は母という限定を超えて、父性・母性を併せ持つ親としての守護を展開されることになったものと言えます。

さらにまた、五分から三寸に、また五分から三寸五分に、さらには、五分から四寸に成人していくのに、それぞれ九十九年経っています。そして、四寸まで成人したとき、「いざなみのみこと」は身をかくされ、子供たちもそのあとを慕って、みな出直してしまいました。注目すべきは、出直すごとに確実に前進し、成人を遂《と》げている姿です。救済の歴史を、こうした話の展開に重ね合わせてみますと、出直しを繰り返しながら上昇する螺旋《らせん》の形状、おおげさに言えば、人間の成人史観が見えてくるように思います。

九十九年という数については、前にもふれましたが、もう一歩踏み込めば、桁《けた》が繰り上がって十全の形になる。単に量的拡充ではなく、質的転換における発展の予想を与える数の姿と言えましょう。

学問を超えた理のお話

その後《のち》、人間《にんげん》は、虫《むし》、鳥《とり》、畜類《ちくるい》などと、八千八度《はっせんやたび》の生《うま》れ更《かわ》りを経《へ》て、又《また》もや皆出直《みなでなお》し、最後《さいご》に、めざるが一匹《ぴき》だけ残《のこ》つた。この胎《はら》に、男《おとこ》五人女《にんおんな》五人《にん》の十人《にん》ずつの人間《にんげん》が宿《やど》り、五分《ぶ》から生《うま》れ、五分《ぶ》五分《ぶ》と成人《せいじん》して八寸《すん》になつた時《とき》、親神《おやがみ》の守護《しゅご》によつて、どろ海《うみ》の中《なか》に高低《たかひく》が出来《でき》かけ、一尺《しゃく》八寸《すん》に成人《せいじん》した時《とき》、海山《うみやま》も天地《てんち》も日月《じつげつ》も、漸《ようや》く区別《くべつ》出来《でき》るように、かたまりかけてきた。そして、人間《にんげん》は、一尺《しゃく》八寸《すん》から三尺《じゃく》になるまでは、一胎《はら》に男《おとこ》一人女《りおんな》一人《り》の二人《り》ずつ生《うま》れ、三尺《じゃく》に成人《せいじん》した時《とき》、ものを言《い》い始《はじ》め、一胎《はら》に一人《り》ずつ生《うま》れるようになつた。次《つ》いで、五尺《しゃく》になつた時《とき》、海山《うみやま》も天地《てんち》も世界《せかい》も皆出来《みなでき》て、人間《にんげん》は陸上《りくじょう》の生活《せいかつ》をするようになつた。
この間《あいだ》、九億《おく》九万年《まんねん》は水中《すいちゅう》の住居《すまい》、六千年《ねん》は知慧《ちえ》の仕込《しこ》み、三千九百九十九年《ねん》は文字《もじ》の仕込《しこ》みと仰《おお》せられる。

（第三章　元の理　二九ページ）

このくだりの話と、これまでの話とでは、状況が違っていることに気がつきます。前の話は「いざなみのみこと」がにっこり笑って身をかくされ、子供たちも、あとを慕って残らず出直してしまった、というところで終わっています。ひと幕の終わりという感じです。そして、この段落は「その後、人間は……」という記述から始まりますが、ここで、ぐるっと舞台が回って、違った場面の話になっているように思います。

これまでのところでは、いろいろな神名が出てきて、親神様が人間を創造されるおはたらきを中心とした話の筋でした。ところが、「その後、……」の話は、もとより生物進化の議論と同質のものではありませんが、成っていく人間の、いわば生成過程の現象的説明が表面に出てきています。親神様のご守護について、直接に説かれているところが見られません。おふでさきに見られる「元初《もとはじ》まりの話」が、いわば前段階、人間創造のご守護の世界についてのものであることにも注意しておきたいと思います。「虫、鳥、畜類などと八千八度《はっせんやたび》の生《うま》れ更《かわ》り」をすることについて、「こふき本」には、それだから人間はいま、どんなものの真似《まね》もできると説いています。人間の可能性の広がりが示唆《しさ》されているものと考えます。また、それらは生命あるものとして、みな同質であるという考えの基礎を示されているようにも思います。

八千八度とは「何度も多く」を意味する表現ですし、八には八方ひろがりの意味も込められていると考えますと、人間の生成発展の過程で一つの味わいを読みとることができます。「八寸になった時」とか「一尺八寸に成人した時」という言い方にも、それを感じます。

また、みな出直したあとに「めざるが一匹だけ残った」とありますが、「こふき本」に、これは「くにさづちのみこと」であると説いています。つなぎのご守護の理です。つまり、みな出直してしまったという断絶の場面に、展開の筋道だけは残されている点に興味を持ちます。

さらには、このものの胎《はら》に、男五人女五人の十人ずつの人間が宿って生まれ、その後でも、一胎に男一人女一人の二人ずつ生まれる記述が見られます。いずれも男女が対《つい》になっています。ともに合わせて十分となる理の姿を教えられているのではないでしょうか。

ところで、ここで注意をひくのは、人間が一歩一歩、現在の姿に近づいていく過程で、それと並行するように、いろいろな生活環境が整えられてきていることです。つまり、生きるために必要な場ができている点です。「五尺になった時、海山も天地も世界も皆出来て」陸上での生活をするようになったと述べられていますが、それを裏側から見ますと、世界との間の調和を壊しての生存はないということになりましょう。いよいよ深刻になっている環境問題に対する重要な視点を与えられていると思わずにはおれません。

それと、「ものを言う」ことは、自己を確立し、他との関係を明確にするためのはたらきであると言えますから、人間が社会的存在として、相互関係を大事にして生きるべくつくられていることを示しているかと思うのです。

詰問に来た五人の神職に対し、教祖が厳然と言い放たれたお言葉を再び思い出します。そして、元の理のお話が、まさに学問を超えた九億九万六千年間の教えであること、その意味では、理のお話であることを、あらためて認識するのです。

月日よりたん／＼心つくしきり
そのゆへなるのにんけんである
（六　88）

このおうたが心にしみます。

人間に近づいてくださる深い親心

親神《おやがみ》を、天理王命《てんりおうのみこと》とたたえて祈念《きねん》し奉《まつ》る。
紋型《もんかた》ないところから、人間世界《にんげんせかい》を造《つく》り、永遠《とわ》にかわることなく、万物《よろずのもの》に生命《いのち》を授《さず》け、その時《とき》と所《ところ》とを与《あた》えられる元《もと》の神《かみ》・実《じつ》の神《かみ》にています。

このよふのにんけんはじめもとの神
たれもしりたるものハあるまい　三 15
どろうみのなかよりしゆごふをしへかけ
それがたん〳〵さかんなるぞや　三 16

（第四章　天理王命　三六ページ）

親神様は、教祖をやしろとして表へ現れ、世界たすけの思召《おぼしめし》を明かされました（第一章）。次いで、それを実現する道を教えられ（第二章）、さらに、その根源のいわれを諭されました（第三章）。第四章は、その親神様についての説明になります。

私たちは、折にふれ事に当たって、親神様に祈念を捧《ささ》げ、天理王命と唱えてすがります。前にもちょっと言いましたが、よく、こんなことを聞きます。

唯一・絶対であることは、比較するものがない、区別する必要がないということですから、とくに名前を付けることはないというのです。たしかに論理的には、そうもなりましょう。これに対して、いちいち言い立てることもないのですが、あえて言えば、親神様は唯一・絶対の神様です。それなのに、「天理王命」の呼称を教えられました。もとより、区別するためではないでしょう。それはむしろ、比較を超えた存在だからこそ、御名を教えて、進んで私たちのほうへ近づいてくださったものと考えられないでしょうか。

私はここでもまた、深い親心を感じます。親神様は私たち人間に、いわば親子対面の道を開いてくださいました。そして、親を求め、親を呼ぶ言葉をも教えてくださったと思うからです。道を求める者として、天理王命の神名を口にすることの意味を考えずにはおれません。

嘉永《かえい》六（一八五三）年のこと。浪速《なにわ》の町の繁華な通りに立たれたこかん様が拍子木を打って、天理王命の神名を流された史実を思い起こします。一れつたすけのために踏み出された第一歩でした。

また、文久《ぶんきゅう》三（一八六三）年のこと。辻忠作《つじちゅうさく》先生が教祖から教えられるままに、「なむ天理王命」と繰り返し唱えて、妹の身上をたすけていただいたこともよく知られている話です。おつとめの初期の形態であると言えます。

このように、神名を唱える現実の中では、神は遠くかけ離れて仰ぐものという隔絶感は消えていきます。親神様がみずからそのように、子供である人間に合わせ、背丈を低めてくださっているからです。

私たちは、天理王命の御名でお呼びしながら、万物創造の元の神である親神様に近づき、実《じつ》の神である親神様の懐《ふところ》深く抱かれていくのであります。

みかぐらうた三下り目に、

九ッ　こゝまでしん〴〵したけれど
　もとのかみとハしらなんだ
十ド　このたびあらはれた
　じつのかみにはさうゐない

と述べられてあります。親神様のご守護を見いだした驚きと喜びの心情、そして、その実在を確認し得た者の心の落ち着きに託して、元の神・実の神様であることを教えられたものと思います。

「このよふのにんけんはじめもとの神」（三号15）とは、人間世界創造の根源の神様ということですから、すべてを超越した絶対権威の存在と言えましょう。

しかし、だからと言って、他を排除されることはありません。また、

しんぢつの神がをもていでるからハ
いかなもよふもするとをもゑよ（三　85）

と述べられる実の神様ですから、余すところなく自由《じゅうよう》のご守護を下さる実在者です。だからこそ、すべてのものを包んで生かされます。

あるとき、教祖は梅谷四郎兵衛《うめたにしろべえ》先生にこんな話をなさいました。

「何の社《やしろ》、何の仏《ほとけ》にても、その名を唱え、後《あと》にて天理王命と唱え」

「社にても寺にても、詣《まい》る所、手に譬《たと》えば、指一本ずつの如《ごと》きものなり。本《もと》の地《じ》は、両手両指の揃《そろ》いたる如きものなり」

（『稿本天理教教祖伝逸話篇』一七〇「天が台」）

抽象化して整えた神の理論は空《むな》しいが、ここにはそうではない、元の神・実の神様が如実に語られているという思いがいたします。

「在るといへばある、ないといへばない」

人《ひと》は、天地《てんち》の間《あいだ》に生《せい》を享《う》け、至妙《しみょう》な自然《しぜん》の調和《ちょうわ》の中《なか》に生存《せいぞん》している。遍《あまね》く月日《つきひ》の光《ひかり》を身《み》に頂《いただ》いているように、隔《へだ》てなく天地《てんち》の恵《めぐみ》に浴《よく》している。天《てん》地《ち》は月日《つきひ》の理《り》で、人《ひと》は、天地《てんち》抱《だ》き合《あわ》せの、親神《おやがみ》の懐《ふところ》に抱《いだ》かれて、限《かぎ》りない慈《いつく》しみのままに生活《くら》している。

　このよふのしんぢつのをや月日なり
なにかよろづのしゆこするぞや　六 102

親神《おやがみ》は、元初《もとはじま》りに当《あた》り、親《した》しく、道具《どうぐ》、雛型《ひながた》に入《い》り込《こ》み、十全《ぜん》の守護《しゅご》をもつて、この世《よ》人間《にんげん》を造《つく》り、恒《つね》にかわることなく、身《み》の内《うち》一切《さい》を貸《か》して、その自由《じゅうよう》を守護《しゅご》し、又《また》、生活《せいかつ》の資料《しりょう》として、立毛《りゅうけ》をはじめとし、万《よろず》一切《さい》を恵《めぐ》まれている。
その守護《しゅご》の理《り》は、これに、神名《かみな》を配《はい》して、説《と》きわけられている。
（第四章　天理王命　三七～三八ページ）

ある日のことです。辻忠作《つじちゅうさく》先生ほか何人かの先生が、教祖にお伺いしました。「人から、天理王命という神の姿はあるのか、と尋ねられるのですが、どのように答えたらよろしゅうございましょうか」

これに対して教祖は、「在《あ》るといへばある、ないといへばない。ねがふこゝろの誠から、見えるりやくが神の姿やで」とお聞かせくださったので、みんな「なるほど」と感じ入ったということです（『正文遺韻抄』138ページ参照）。

「ある」と「ない」とは相互に矛盾《むじゅん》対立する命題ですが、たしかに、神様の姿は、あるとも言えますし、ないとも言えます。このように、矛盾対立する命題が同時に成り立つことを二律背反《にりつはいはん》と言います。そこに行き着いてしまう事柄は、理性的に始末をつけて知ることはできません。それはもはや、信仰的に確かめる以外にはないということになりましょう。このお話は、心の誠にのっておはたらきくださる親神様のご守護の事実に、そのお姿を確認するようにと諭されたものと思います。

自分自身の身体《からだ》のこと一つとってみても、その精巧な仕組みに眼《め》を見張ります。また、自然界の整然たる秩序、時として迫る威力に対しても、厳粛《げんしゅく》な神秘感を覚えずにはおれません。かつて多くの人は〝未知ゆえの神秘〟の前にひれ伏しました。ところが現今では、〝知り得たための神秘〟に多くの人が感動するようになりました。そこに、神の存在を感じるからであろうと思います。そう考えますと、教祖のお話は、まことに明快な回答であることを思い知ります。

すべては、何もないところから人間世界をおつくりくださった親神様のご守護の中のことなのですから。そして、そのことを「元初《もとはじ》まりのお話」を反映させるかたちで、それぞれに神名を付して説き分けられています。親神様の欠けるところない十全のご守護を、原理的な十のはたらきを例示して、分析的に説明されたものと理解します。ですから、これは十神の存在を主張したものではありません。当初より十神崇拝の実態も見られません。

桝井《ますい》キクという人がいました。夫の病気平癒《へいゆ》を願って、近い所はもとより、二里三里の所にある詣《まい》り所、願い所で、足を運ばない所はほとんどないくらいでした。しかし、一向に良くなりません。思案に余っていたある日のこと、すすめる人があって、教祖にお目に掛かりました。教祖は優しくお言葉を掛けてくださり、次のようにお諭しくださいました。

「あんた、あっちこっちとえらい遠廻《ま》わりをしておいでたんやなあ。おかしいなあ。ここへお出《い》でたら、皆《み》んなおいでになるのに」

（『稿本天理教教祖伝逸話篇』一〇「えらい遠廻わりをして」）

これを文字どおりに読めば、教祖のもとには、お産の神も商売の神も、そして知恵の神もというように、いろいろな神がみな集まっているということになります。神無《かんな》月《づき》（陰暦十月）には、出雲《いずも》大社に全国の神々が寄り集まると言いますが、そのように、みなそろっておいでになるということでしょうか。

もちろん、教祖はそんなことを仰せになってはおられません。よろずたすけのご守護を下さる元の神・実《じつ》の神様がおはたらきになっていることを教えられていると思います。そのことを、当時、多くの人びとが持っていた神観念に寄せて、分かりやすく話されたものであると考えるのです。教典ではこの後、神名をあげて、その神様のご守護という様式をとって、具体的な説明が続いていますが、それについては、多少とも次にふれることにします。

すべてに及ぶご守護を得心できるように

くにとこたちのみこと　人間《にんげん》身《み》の内《うち》の眼《め》うるおい、世界《せかい》では水《みず》の守護《しゅご》の理《り》。

をもたりのみこと　人間《にんげん》身《み》の内《うち》のぬくみ、世界《せかい》では火《ひ》の守護《しゅご》の理《り》。

くにさづちのみこと　人間《にんげん》身《み》の内《うち》の女一《おんないち》の道具《どうぐ》、皮《かわ》つなぎ、世界《せかい》では万《よろず》つなぎの守護《しゅご》の理《り》。

月よみのみこと　人間《にんげん》身《み》の内《うち》の男一《おとこいち》の道具《どうぐ》、骨《ほね》つっぱり、世界《せかい》では万《よろず》つっぱりの守護《しゅご》の理《り》。

くもよみのみこと　人間《にんげん》身《み》の内《うち》の飲《の》み食《く》い出入《でい》り、世界《せかい》では水気《すいき》上《あ》げ下《さ》げの守護《しゅご》の理《り》。

かしこねのみこと　人間身《にんげんみ》の内《うち》の息吹《いきふ》き分《わ》け、世界《せかい》では風《かぜ》の守護《しゅご》の理《り》。
たいしよく天のみこと　出産《しゅっさん》の時《とき》、親《おや》と子《こ》の胎縁《たいえん》を切《き》り、出直《でなおし》の時《とき》、息《いき》を引《ひ》きとる世話《せわ》、世界《せかい》では切《き》ること一切《さい》の守護《しゅご》の理《り》。
をふとのべのみこと　出産《しゅっさん》の時《とき》、親《おや》の胎内《たいない》から子《こ》を引《ひ》き出《だ》す世話《せわ》、世《せ》界《かい》では引《ひ》き出《だ》し一切《さい》の守護《しゅご》の理《り》。
いざなぎのみこと　男雛型《おとこひながた》・種《たね》の理《り》。
いざなみのみこと　女雛型《おんなひながた》・苗代《なわしろ》の理《り》。
即《すなわ》ち、親神天理王命《おやがみてんりおうのみこと》の、この十全《ぜん》の守護《しゅご》によつて、人間《にんげん》をはじめとし、万物《よろずのもの》は、皆《みな》、その生成《せいせい》を遂《と》げている。

（第四章　天理王命　三八〜三九ページ）

「十柱の神」の教説は、親神様のおはたらきを十の様態に例をとって説き示されたものですが、もちろん、その数に限定されているわけではありません。それに、十という数字は、十分とか完全などの意味を含みもっています。「これも、それも、あれもみな」親神様のおはたらきであると指摘しながら、より身近に、すべてに及ぶご守護を得心できるように導いてくださったものと思います。

では、なぜ神名を付けて教えられたのでしょうか。いろいろに言われます。たとえば、ご守護の理を唱えやすく覚えやすいようにという理由もあげられましょう。神名は、もともと唱え讃《たた》え、そして祈るためのものでしょうから。また、その呼称は、それぞれのおはたらきを示唆《しさ》しているとも言われます。あるいは、さまざまなはたらきを分掌《ぶんしょう》する無数の神々にかこまれた信仰習俗の中にいる者に対して、なじみやすい説き方をとっているとも言えるでしょう。

たしかに、全知・全能の守護と言ってしまえば、ひと口で説明が済むかもしれません。しかし、それでは抽象的で実感をともないにくいように思います。神名を唱え、具体的なご守護の姿を、手に取るようにして確かめることができるようにという配慮を感じます。そうした実感があってこそ、親神様に感謝を捧《ささ》げ、祈願を込めることができるのではないでしょうか。

ところで、この「十柱の神」の教説は、私たちの信仰生活に大きな実りをもたらしているように思います。それは「こふき本」の中に、いろいろな説き分けの場面が見られるからです。ここで一つだけ例をあげておきます。

「人間は、神の子なり。身の内は、神の借物《かりもの》なり。人間を守護被下《くだされる》神様は、国常立之《くにとこたちの》命《みこと》と面足《おもたり》之命《のみこと》、此《この》二柱の神は、元の神、後の八柱の神は、人間を拵《こしら》へるに付使《つきつこ》ふた道具に、神の名を授け給《たま》ふ。此拾《十》柱の神は、此世の元の神なり。此外《ほか》には、神と云《い》ふては更《さら》になし。

此訳左に

国常立之命は、天にては、月様なり。此神様は男神にして、御姿は頭一つ、尾一筋の大龍なり。此世界、国床を見定め給ふ。此理を以《もっ》て、国常立之命と云ふ。又《また》、国を見定め給ふ故《ゆえ》に、国見定之命と云ふ。又、名に人間を宿込《やどしこ》み給ふ時に、上より突き給ふ故に、此理を以て、月様と云ふなり。月様が先に立つ故に、日月とは云はず月日と云ふ。三十日も、一月と云ふ。仏法にては、釈迦如来《しゃかにょらい》と顕《あら》はれ、仏法を授け給ふ。又、先に出て法を始め給ふにて、千寿様と云ふ。人間身の内に、目に湿《うるお》ひの守護の神様なり。目湿ひは、此神様の借物なり。則《すなわち》、水は一の神と云ふは、世界中、何に依《よ》らず、水ぶんなくば、何にしても出来るものは更になし。火と雖《いえど》も、其《その》元は水なり、故に、水は世界の一の神なり」（吉川萬壽雄「神の古記対照考」〈『復元』第十五号所収〉―「こふき」十六年本の諸本を対照して読み下した文。注記は省略）

ちょっと読みづらい表現ですが、時代のにおいが感じられて味があります。ここでは、天におけるお姿、男女の性別、元初《もとはじ》まりの話にみるどろ海中のお姿、神名の由来、仏法や神道になぞらえての神仏名、人間の身の内と世界でのご守護などの視点が見られます。また、方位や時刻なども関連して示されています。さらに、心のほこりも対置して考えられますし、そこから、ほこりを払うための糸口を探ることも可能になります。

教典本文についての直接の説明は割愛しますが、ともあれ、これら十柱の神名に即した説き分けの視点を種々組み合わせてみるとき、諭し悟りの世界が限りなく広がっていくように思います。信仰的実践のかどめが、具体的にはっきりした形で見えてくるような感触をもちます。大きな実りをもたらすと言った理由です。

「理ぜめの世界」と言われるゆえん

この世《よ》は、親神《おやがみ》の身体《からだ》であつて、世界《せかい》は、その隅々《すみずみ》にいたるまで、親神《おやがみ》の恵《めぐみ》に充《み》ちている。そして、その恵《めぐみ》は、或《あるい》は、これを火《ひ》・水《みず》・風《かぜ》に現《あらわ》して、目《ま》のあたりに示《しめ》し、又《また》、眼《め》にこそ見《み》えぬが、厳然《げんぜん》たる天理《てんり》として、この世《よ》を守護《しゆご》されている。即《すなわ》ち、有《あ》りとあらゆるものの生命《いのち》の源《みなもと》であり、一切現象《さいげんしよう》の元《もと》である。

実《まこと》に、この世《よ》は、理《り》ぜめの世界《せかい》であつて、一分《ぶ》のすきもなく、いささかの遺漏《いろう》もない。天地自然《てんちしぜん》の間《あいだ》に行《おこな》われる法則《ほうそく》といわず、人間社会《にんげんしやかい》における秩序《ちつじよ》といわず、悉《ことごと》く、奇《く》しくも妙《たえ》なる親神《おやがみ》の守護《しゆご》ならぬはない。

（第四章　天理王命　四〇ページ）

親神様のご守護を説き明かされるのに、さらに「この世は神のからだ」であると述べられています。譬喩《たとえ》をもって教えられたものです。この世界は〝からだ〟ということですから、ご守護は親神様のおはたらきの〝すがた〟ということになりましょう。また、意思の表出であるとも考えられます。

そう考えますと、いろいろに教えられていることが一つひとつ所を得て、よく理解できるような気がしてきます。この世界の一切が、親神様の恵みであることも、あるいは、ときとして出遭《であ》う厳しい状況が、たすけたいばかりの慈愛の警告であることも分かってきます。

それをさらに、火、水、風と特定して示されていることにも、大きくうなずくことができます。たとえば、人間に水やぬくみのご守護、あるいは息をするはたらきが欠けた場合のことを考えてみれば、一目瞭然《いちもくりょうぜん》でしょう。

しかも、そのご守護は、整然と筋道立った展開を見せられます。そのはたらきは、創造の設計どおりに組み立てられた世界の中で、創造の秩序に沿って現されていると言うことができます。「理ぜめの世界」と言われるゆえんです。おさしづに、身近な譬喩で次のように教えられたところがあります。

理は見えねど、皆帳面に付けてあるのも同じ事、月々年々余れば返《か》やす、足らねば貰《もら》う。平均勘定《かんじょう》はちゃんと付く。（明治25・1・13）

厳然として、狂いない天理を諭されたものと思います。まさに天理の設定者であり、主宰者《しゅさいしゃ》である親神・天理王命様であります。言い換えますと、親神様いませばこそある、すべての存在なのであります。

ところで、親神様は万物の創造者として絶対自由の主体者であります。それは、思《おぼし》召《め》すところを直《ただ》ちに現実とすることができることを意味します。言うまでもなく、どこまでも見通されてのおはたらきです。親神様の見抜き見通しの眼《め》を前にしては、私たちの隠れる場所はどこにもありません。私たちの言うこと、行うことはもとより、心の中でひそかに思うことすら見通され、善悪分けて守護されているのです。このような親神様の全知を前にして、かしこみ慎《つつし》むことはもとより大切です。しかし、それよりももっと大事なことは、そこに安んじて自己をゆだねることであると思います。

なんでもこれからひとすぢに

かみにもたれてゆきまする　（三下り目　7）

という決意に生きることです。

めへ／＼にハがみしやんハいらんもの
神がそれ／＼みわけするぞや　（五　4）

ひとがなにごといはうとも
かみがみているきをしずめ　（四下り目　1）

ここでは、日々に進める信仰生活の要諦《ようてい》をしっかりと示されているように思います。すでにふれたところですが、救済者として私たちのほうへ身を乗り出しておはたらきくださる親神様は、寸分の違いもなく公平に、一れつの人間に臨まれます。秩序と筋道の立った摂理と言えましょう。しかし、それは人間思案で推《お》しはかることができるような単なる規則性ではありません。あえて、それを親心の規則性と言うことができるかもしれません。きわめて具体的な、次のお言葉が身にしみます。

あちらへ廻《まわ》り、日々の処《ところ》、三十日と言えば、五十日向《むこ》うの守護をして居《い》る事を知らん。これ分からんような事ではどうもならん。　（明治22・11・7）

まことに、親神様はどんな場合にでも、たすけ一条の親心を足して、ご守護くださっているのであります。

根本の信条である「その理一つ」

親神《おやがみ》は、人間《にんげん》の実《じつ》の親《おや》にています。親神《おやがみ》は、ただ一《ひと》すじに、一れつの子《こ》供《ども》に陽気ぐらしをさせたいと望《のぞ》ませられ、教祖《おやさま》をやしろとして表《おもて》に現《あらわ》れ、元初《もとはじ》まりのいんねんあるぢばにおいて、たすけ一条の道《みち》を啓《ひら》かれた。

ぢばは、天理王命《てんりおうのみこと》の神名《かみな》を授《さず》けられたところ、その理《り》を以《もっ》て、教祖《おやさま》は、存命《ぞんめい》のまま、永久《とこしえ》にここに留《とど》まり、一れつを守護《しゅご》されている。

どのよふなたすけするのもしんちつの
をやがいるからみなひきうける　七 101

実《まこと》に、天理王命《てんりおうのみこと》、教祖《おやさま》、ぢばは、その理《り》一つであつて、陽気ぐらしへのたすけ一条の道《みち》は、この理《り》をうけて、初《はじ》めて成就《じょうじゅ》される。

（第四章　天理王命　四三ページ）

常に私たち人間の願い以上の恵みを与えてくださるのが、親神様の親心です。しかも偏《かたよ》りなく、みな一様《いちよう》に、救いの道へと引き上げてくださっているのです。そのことは、かならずしも目に見えた形で計量することはできませんが、「平均勘定《かんじょう》はちゃんと付く」（明治25・1・13）おはたらきを見せてくださっています。そして、

　月日にハせかいぢううハみなわが子
　かハいいゝばいこれが一ちよ　（十七　16）

と仰せられます。それだからこそ、先を見通す眼《め》を曇《くも》らせて、行きまどう子供のうえを案じて、をやの切なさを次のようにも表明されるのです。

　にんけんハあざないものであるからに
　すゑのみちすじさらにわからん　（三　35）

　いつまでも月日ぢいくりしていれば

いつになりてもをさまるめなし　（十三　80）

親神様は長い間、直接のおはたらきを手控《てびか》えられながら、旬々の仕込みを通して、私たちがみずから真実の道を選択するのを、期待されていたものと考えます。しかし現実は、その期待とは遠く掛け離れた展開となりました。そこで、親神様は時の熟すのを期して表に現れ、救いの手を差し伸べられたのです。

前にも言ったことですが、親神様は何もないところから人間をはじめ、すべてのものを創造されました。その、無から一切をあらしめられた不思議な創造のおはたらきを、再びいまに現して、世界一れつの救済を進められているのです。このことは、第二章の本文にも引用されていた、次のおふでさきのおうたが端的に示しています。

このよふをはじめかけたもをなぢ事
めづらし事をしてみせるでな　（六　7）

親神様による救済実現の過程が、親神様による人間世界創造の元の理を映して動いていることが理解できます。この元初《もとはじ》まりの話が投射される中で浮き出されてくる教理が、「天理王命、教祖、ぢば は、その理一つ」ということです。これは、天理教信仰の様態を決定づける、根本の信条であると言うことができるでしょう。

天理王命とは、親神様に祈念を捧《ささ》げるときの呼称です。その名を唱えることによって、信仰的に親神様の存在を確認します。そして教祖は、神のやしろとして親神様の人間救済にかける思召《おぼしめし》を明かされ、それをこの地上に実現される主体者としておはたらきくださいます。「地上の月日」と呼ばれる理由です。

さらに「ぢば」は、元初まりのとき、人間が最初に宿し込まれた所と教えられました。人間創造の根源の地点と言えます。人間生命創成の原点です。ぢば・かんろだいを芯《しん》にして、おつとめが勤められるのも、この元の理を映した形であるといわれます。そこからまた、ぢばこそ、あまねく行きわたる親神様のご守護が発動する原点であるという理合いも明らかになってきますし、ぢばに天理王命の神名を付けられたのも、ゆえなきことではないと分かってきます。

とのよふなたすけとゆうもしんぢつの
をやがいるから月日ゆうのや　（八　46）
この月日もとなるぢばや元なるの

いんねんあるでちうよぢさいを　（八　47）

もとより、親神様と教祖とぢばは、その存在において一つではありません。けれども、親神様の救済のご守護が展開する筋道においては、一つに重なっています。また、親神様を慕い求める私たちの目線上でも、一つになって通じていきます。教祖に誠の心を尽くし、ぢばに真実を伏せ込むことなくして、天理教の信仰はないと言わなければなりません。

手本ひながたを残された理由

教祖《おやさま》は、口《くち》や筆《ふで》で親神《おやがみ》の教《おしえ》を説《と》き明《あ》かされると共《とも》に、身《み》を以《もっ》てこれを示《しめ》された。この道《みち》すがらこそ、万人《まんにん》のひながたである。

（第五章　ひながた　四五ページ）

自分も、あのような絵を描《か》きたい、こんな書を書くことができたらと望む者は、それを目標にして臨画や臨書から始めるのが普通です。その方法を聞いたり読んだりして知るよりも、最初に手本を真似《まね》るわけです。学ぶということは、真似ることが基本です。手本を忠実に真似ながら、それに学んで、その絵画や書の心を理解し、やがて自分でつくる力を身につけるわけです。私たちの生き方についても、同じことが言えると思います。

親神様は教祖をやしろとして、すべての人間が生きる喜びを共にする、陽気ぐらし実現の道を教えてくださいました。そして、それを教えられるに当たっては、教祖を通し、あるいは話して聞かせ、あるいは筆を執《と》って記してもくださいました。そればかりではありません。その教えに応《こた》えて生きる私たちのあり方を、行って見せて導いてもくださったのです。まことに、手を尽くしての教導であると言わなければなりません。

神のやしろとなられてからの教祖がお通りになった道すがらを、「ひながた」と教えられています。「ひながた」とは雛型《ひながた》であり、原型、範型、手本、規範などの意味が考えられます。第五章「ひながた」の内容が、いわば教祖略伝の体裁《ていさい》をとっているゆえんです。

私たちは何よりもまず、教祖のご事績を確実に知ることが大切であります。しかし、それにとどまってしまったのでは意味がありません。私たちは、単に歴史的関心をもって教祖のご事績に接するのではなく、信仰的思いをもって、それを一つひとつ丹念に確かめるべきであります。

よく引用されるおさしづに、次の一節があります。

ひながたの道を通らねばひながた要《い》らん。ひながたなおせばどうもなろうまい。これをよう聞き分けて、何処《どこ》から見ても成程《なるほど》やというようにしたならば、それでよいのや。（中略）なれど十年経《た》ち、二十年経ち、口に言われん、筆に書き尽《つ》せん道を通りて来た。なれど千年も二千年も通りたのやない。僅《わず》か五十年。五十年の間の道を、まあ五十年三十年も通れと言えばいこまい。二十年も十年も通れと言うのやない。まあ十年の中の三つや。三日の間の道を通ればよいのや。僅か千日の道を通れと言うのや。千日の道が難しのや。ひながたの道より道が無いで。

（明治22・11・7）

考えてみますと、天保《てんぽう》九（一八三八）年十月二十六日、神のやしろとお定まりになってからの教祖のご生涯は、苦難に満ちた道すがらです。だれもが容易に通れる道程ではないように思われます。しかし、それはあえて選ばれた道なのかもしれません。何しろ教祖は、混沌《こんとん》の人生から秩序ある暮らしへ通じる道を教えられたのですから。難渋な人生を陽気ぐらしへと切り替える道を指し示されたのですから。

問題は、その中を、教祖がどのようにお通りくださったのかということを見逃さないことです。教祖は難儀不自由な中を、「口に言われん、筆に書き尽せん」ご苦労の多い道を、進んで求められるかのように歩まれました。

「ひながたどおりに」と言われますが、それは、このご苦労の足どりを、そのままの形で実行せよと仰せになっているのではないと思います。そこをどのように処せられたかを見習い、それを素直に実行するように述べられたと考えるのです。私たち子供のほうへ身を寄せられ、身をかがめながら手を引いてくださっている教祖のお姿が想像されます。もったいない限りです。まさに「ひながたの親」であります。そして、親なればこそ、常に子供可愛《かわい》い親心を足してご守護くださっているのであります。

こうして、せっかくお残しくださった手本ひながたの道すがらであります。私たちは、その親心に応え、ひながたの道に学んで、素直に実行しなければ、と思わずにはおれません。

おつとめの完成と実行を急き込まれ

明《あ》くれば二十六日《にち》、教《おしえ》を開《ひら》かれた元《もと》一日《にち》の縁《ゆかり》の日《ひ》であり、しかも、つとめを急《せ》き込《こ》まれることが、極《きわ》めて急《きゅう》であるので、今《いま》は、最早《もは》や躊躇《ちゅうちょ》している場合《ばあい》でないと、一同《どう》深《ふか》く心《こころ》に決《けつ》して、万《まん》一に備《そな》える準備《じゅんび》を整《ととの》え、常《つね》になく鳴物《なりもの》までもいれて、つとめにかかった。

教祖《おやさま》は、休息所《きゅうそくしょ》にやすまれながら、この陽気《ようき》なかぐらづとめの音《ね》を聞《き》かれ、いとも満足《まんぞく》げに見《み》うけられたが、北枕《きたまくら》で西向《にしむき》のまま、静《しず》かに眠《ねむ》りにはいられた。齢《よわい》、正《まさ》に九十歳《さい》。

（第五章　ひながた　五三～五四ページ）

「ひながた」とするように教えられているのは、教祖が神のやしろと召されてからの五十年の道すがらです。しかし、それ以前の教祖の生き方も、決して平凡なものではありません。それは、いわば人倫の頂点を行くものでありました。そのお姿を見て、人々は「神様のようなお方」と呼んで尊敬したようですが、まさに特別な魂の輝きであったと言うことができましょう。

神のやしろと定まられた教祖が最初におとりになったご行動は、日々の暮らしに困っている人びとへの限りない施しでした。しかも、常識から掛け離れた、家財を傾けてのものでした。そこで見るものは「貧に落ち切らねば、難儀なる者の味が分からん」（『稿本天理教教祖伝逸話篇』四「一粒万倍にして返す」）と諭される、親神様の思召《おぼしめし》を素直に実行されるお姿です。

こうして赤貧《せきひん》洗うような中、社会の底辺に降り立って過ごされた歳月は十年にも及びました。「水を飲めば水の味がする。親神様が結構にお与え下されてある」（『稿本天理教教祖伝』四〇〜四一ページ）とのお言葉が、新鮮な驚きをともなって心に刻み込まれます。

この徹底した通り方をもって、教祖はいろいろなことを教えてくださっていると思います。たとえば、どんな場合でも明るさを追求する心を忘れないこと、常に相手の身になって判断し行動することなどです。あるいは、物事に対する執着を去ったところで得る、すがすがしい喜びの境地を指しておられると見ることもできます。さらには、心にまとう華やかな衣装や、身のまわりを固める社会的な権威・格式を手放した生き方こそ、陽気ぐらしへ向かう歩みの第一歩であると教えられているようにも感じとれます。

やがて、をびや許しが道あけとなって、不思議なたすけに浴する人が次々に出てくるようになりました。そのときすでに、天保《てんぽう》九年から数えて二十数年が経《た》っていたのです。私たちはここで、最初に啓示があったときに諭された「誰《たれ》が来ても神は退《しりぞ》かぬ。今は種々《いろいろ》と心配するは無理でないけれど、二十年三十年経ったなれば、皆の者成程《なるほど》と思う日が来る程に」（『稿本天理教教祖伝』七ページ）という親神様のお言葉を思い出します。

こうして教祖を神様と慕い仰ぐ者の数が急速に増えていく中、教祖はまた、新しいご苦労の前に立たれることになりました。

人間の感情から推《お》しはかるならば、教祖のご生涯は苦渋多き、波乱に満ちたものとして映ります。そんな中で、教祖は次々に、おつとめの段取りを進めておられます。そして、その実行を促されています。たすけ一条の思召《おぼしめし》からであります。そのことがまた、官憲の取り締まりの標的となりました。ご苦労の絶えることはありませんでした。おそばの人びとの苦悩も、実は、そのことにかかっていたのです。しかし、教祖は大きなふしが重なる中、超然としておつとめの完成を目指され、その実現を急《せ》き込まれています。親神様のほうを向く、真に正しい姿勢をお示しくださっていると考えます。

お姿をおかくしになる直前の、あの緊張した状況の中で、教祖が妥協なく求められたことは、おつとめの実行でした。それは、ことさらに官憲の取り締まりを招くような課題でした。そのことは同時に、教祖のお心を承知しながらも、人びとが直《ただ》ちには応《こた》えられない理由でもありました。

しかし、「四十九年以前より誠という思案があろう」（おさしづ　明治20・1・13）とのお言葉に導かれて、拘留《こうりゅう》を覚悟のおつとめが勤められました。不思議にも、取り締まりの巡査は一人も来ませんでした。世界一れつたすけたいという親心から教えられた、おつとめの尊さと力であると思わずにはおれません。

陽気ぐらしへと導かれる慈愛の手

親神《おやがみ》は、知《し》らず識《し》らずのうちに危《あぶな》い道《みち》にさまよいゆく子供《こども》たちを、いじらしと思召《おぼしめ》され、これに、真実《しんじつ》の親《おや》を教《おし》え、陽気ぐらしの思召《おぼしめし》を伝《つた》えて、人間思案《にんげんしあん》の心得違《こころえちが》いを改《あらた》めさせようと、身上《みじょう》や事情《じじょう》の上《うえ》に、しるしを見《み》せられる。

なに、てもやまいいたみハさらになし
神のせきこみてびきなるそや　二　7
せかいぢうとこがあしきやいたみしよ
神のみちをせてびきしらすに　二　22

即《すなわ》ち、いかなる病気《びょうき》も、不時災難《ふじさいなん》も、事情《じじょう》のもつれも、皆《みな》、銘々《めいめい》の反省《はんせい》を促《うなが》される篤《あつ》い親心《おやごころ》のあらわれであり、真《しん》の陽気ぐらしへ導《みちび》かれる慈愛《じあい》のてびきに外《ほか》ならぬ。

（第六章　てびき　五八～五九ページ）

教典の構成は前・後篇に分かれています。これまでの話は前篇に当たり、これからの話題が後篇になります。どちらも教理なのですが、前篇は根幹となる教理の説明を内容としているので「教理篇」、後篇は信仰生活を進める段取りが説かれているので「信仰篇」と呼んでいます。

日々の生活において、何も方向をもっていない行動には生気が感じられません。何かに向かってひたむきである姿は輝いて見えます。ある本で読んだことがあります。それは生物学からの発想で、いろいろな分野を多彩に論じたものでした。それによると、すべて物事の動きは極性軸《きょくせいじく》、つまり「向きをもつこと」に従って進むもので、それが失われるところには沈滞があるだけである、というのです。

この理論にのって言うなら、私たち人間の極性軸とは、人生の意義についての自覚ではないでしょうか。人間はどこから来て、どこへ行くのかということの答えをもつことだと思うのです。それが明らかであれば、そこへ向けて生き方の舵《かじ》を取ることになります。荒波をかき分け、襲いくる障害にも耐え、ひたすらに進むようになります。まさに溌剌《はつらつ》とした生き方の情景であります。

ところで、人生の意義は始源への関心の中で求められることになると思います。しかし、私たちはだれも、目的を意識して生まれてきた者はありません。ちょうど投げ出されたかのようにして、この世に生を得ているとも言えるでしょう。そこで、この始源への関心は、ついには創造の根源を信じるところまで遡及《そきゅう》することになってきます。そして、親神様のお声を聴くことになるのです。

私たちは、陽気ぐらしをするべく創造されたことを知りました。すべての人間は、陽気ぐらし実現の種子《たね》を魂に埋め込まれた存在として生きることを自覚したのです。あえて言うならば、それが私たちの正しい極性軸なのではないでしょうか。私たちがみな例外なく、幸せを求めてやまない理由だと思います。ですから私たちは、真っすぐに元を知り、行方《ゆくえ》を見定めて、常に生き生きと暮らすことを望まずにはおれません。しかし、その望みはかならずしも直《ただ》ちに成就《じょうじゅ》するものではありません。それどころか、しばしば微塵《みじん》にも砕《くだ》かれてしまいます。誤って、みずから方向を狂わせてしまうからです。

そうなりますと、私たちはとかく、その難渋な局面が纏綿《てんめん》して、本来の行方を見失ってしまいます。そこでは、人生の輝きも失われます。あらためて極性軸を確認し直す必要に迫られるわけです。この否定的な事態に対して、親神様は重要な意味を与えられました。一れつ人間のをやだからです。

わが子が案内図をもたず、自分勝手にやみくもに歩いていこうとする危なさを、をやとしては黙って見てはいられないと述べられます。そして、たとえば、それと知らずに、転落の危機にある崖《がけ》っぷちに立つ子を、をやは襟首《えりくび》をつかんででも、安全な場所へと引き戻します。いかに子供が嫌《いや》がっても、そうするのが親心でありましょう。こうして、間違いのない道があることに気づかされるのであります。身上の患いや事情のもつれには、そんな意味があるのです。つまり、それは陽気ぐらしへと導いてくださる親神様の、慈愛の「てびき」であると諭されているのです。

私たちは苦悩がないときには、ほとんど自分のことを考えない、足元を見つめることがないものです。空気が薄くなって初めて、その存在に気がつき、身を病んで、いまさらのように自分自身を省みるものです。身上・事情の問題に出遭《であ》ったときには、そこに親神様の、たすけたいいっぱいの慈愛の手が差し伸べられていることを信じ、喜びを開く契機にすることが大事であると思わずにはおれません。

てびきを生かして求道の足取り確実に

しかし、人間心《にんげんごころ》のはかなさは、折角《せっかく》、て、び、き、を頂《いただ》いて、心《こころ》を定《さだ》めても、時《とき》がたてば、一旦《たん》定《さだ》めた心《こころ》もいつのまにか動《うご》いて、形《かたち》ばかりの信心《しんじん》におち、知《し》らず識《し》らずのうちに、又《また》もや、親心《おやごころ》に反《はん》する心《こころ》を遣《つこ》うたり、行《おこない》をしたりして、しかも、気附《きづ》かずにいる場合《ばあい》が多《おお》い。

神《かみ》の自由《じゆう》して見《み》せても、その時《とき》だけは覚《おぼ》えて居《い》る。なれど、一日《にち》経《た》つ、十日《とうか》経《た》つ、三十日《にち》経《た》てば、ころっと忘《わす》れて了《しま》う。（明治三一・五・九）

と示《しめ》されている所以《ゆえん》である。故《ゆえ》に、

日《ひ》が経《た》てば、その場《ば》の心《こころ》が弛《ゆる》んで来《く》るから、何度《なんど》の理《り》に知《し》らさにゃならん。（明治二三・七・七）

と仰《おお》せられ、ともすれば弛《ゆる》みがちな心《こころ》をはげまして、なおも心《こころ》の成人《せいじん》を促《うなが》される上《うえ》から、信心《しんじん》するうちにも、幾度《いくど》となく、身上《みじょう》や事情《じじょう》の上《うえ》に、しるしを見《み》せ、心《こころ》を入《い》れ替《か》える節《ふし》を与《あた》えられる。この篤《あつ》い親心《おやごころ》を悟《さと》って、益々《ますます》心《こころ》を引《ひ》きしめて通《とお》ってこそ、生涯変《しょうがいかわ》らぬ陽気づくめの理《り》を見《み》せて頂《いただ》ける。

（第六章　てびき　六一～六三ページ）

『稿本天理教教祖伝逸話篇』に、次のような話が見えます。

それは、文久《ぶんきゅう》四年正月なかば頃《ごろ》、山中忠七《やまなかちゅうしち》三十八才の時であった。忠七の妻そのは、二年越しの痔《じ》の病が悪化して危篤《きとく》の状態となり、既《すで》に数日間、流動物さえ喉《のど》を通らず、医者が二人まで、「見込みなし」と、匙《さじ》を投げてしまった。この時、芝村《しばむら》の清兵衛《せいべえ》からにをいがかかった。そこで、忠七は、早速おやしきへ帰らせて頂いて、教祖にお目通りさせて頂いたところ、お言葉があった。

「おまえは、神に深きいんねんあるを以《もっ》て、神が引き寄せたのである程に。病気は案じる事は要《い》らん。直《す》ぐ救《たす》けてやる程に。その代わり、おまえは、神の御用を聞かんならんで」

（一一「神が引き寄せた」）

と。

「てびき」の実際を伝えた話です。また、「身上事情は道の華」といわれるのを聞きます。それは身上や事情の悩みが、親神様の慈愛のてびきであると認識できた境地を表現しています。可愛《かわい》いからこそ、をやは物分かりのおそい子供の思案や行動がもどかしく、腹も立ちます。意見も躾《しつけ》も厳しくなることでしょう。ですから、親神様は仰せになります。

にんけんもこ共かわいであろをがな
それをふもをてしやんしてくれ　（十四　34）

陽気ぐらしへと引き上げようとされる、あふれるような親心が感じとれます。その親心に応《こた》えて心を正すところ、親神様はその心を受けとって自由《じゅうよう》自在のご守護を下さるのです。考えてみれば、身上・事情の嘆きの中に身を落とし込んでしまうようなことは、ただ、その嘆きを深めるばかりであって、事態の改善にはつながっていきません。大切なのは、親神様のてびきの行方《ゆくえ》を知り、その意味に目覚め、前を向いて立ち上がることだと思います。

てびきと言えば、何よりもまず、この道への導きということでしょうが、道の理に目覚めて信仰生活に進む過程にあっても、親神様は、絶えず成人へのてびきをしてくださいます。この、広い意味でのてびきについては、さまざまな言い方が示されています。たとえば、身上・事情は、たすけ一条のてびきであり、ていれ（手入れ）、みちをせ（道教え、道標）、せきこみ（いちれつ人間の救済を急がれる親神様の思召《おぼしめし》）、いけん（意見）、ざんねん、りっぷくであり、さらには、ようむき（用向き）であると諭されます。

このように、私たちが真っすぐ成人への道をたどるよう、いろいろに促されているのです。これは私たちの信仰生活の様態に応じたお諭しであると言えましょう。ざんねん、りっぷくなどの激しいお言葉も見られますが、もちろん、罰を与えるような意味ではありません。それは、たすけたいゆえのもどかしさ、可愛いばかりの切なさの表現です。何しろ、親神様は人間の心どおりのご守護を下さっているのですから、もどかしさも、切なさも当然でありましょう。

ところで、身上・事情にしるしを見せて導いてくださる事実がてびきなのですが、それを実際にどう生かすかが問題です。その事実の意味を、どう読みとるかということです。ここに、「さとり」の世界が開かれてきます。

第四章で、親神様の十全の守護の説き分けを見ました。それが、このさとりの場面で生かされることになります。たとえば、人間の身の内と世界でのご守護に方位などを加え、そこで描かれる関係の構図をもとにして、反省と決意の手掛かりや方向を見いだすことができます。もちろん、さとりは、個人の生活史も視野に入れなければなりませんし、それぞれ個々のものであって、それを一般化して公式のように見なすことは間違いです。

しかし、こうして反省と心定めを具体的に決定しうる鍵《かぎ》を与えられていることは大きな力となります。私たちは常に、てびきを生かして求道の足取りを確実に進めたいものです。

「生かされて生きている」自覚と認識

たいないゑやどしこむのも月日なり
むまれだすのも月日せわどり　六 131

人体《じんたい》のこの精巧《たくみ》な構造《こうぞう》、微妙《びみょう》な機能《はたらき》は、両親《りょうしん》の工夫《くふう》で造《つく》られたものでもなければ、銘々《めいめい》の力《ちから》で動《うご》かせるものでもない。すべては、親神《おやがみ》の妙《たえ》なる思《おも》わくにより、又《また》、その守護《しゅご》による。

にんけんハみな〳〵神のかしものや
なんとをもふてつこているやら　三 41

にんけんハみな〳〵神のかしものや
神のぢうよふこれをしらんか　三 126

（第七章　かしもの・かりもの　六四ページ）

「てびき」によって親神様の存在を知り、教祖の親心に導かれて成人への道を歩むのが信仰生活です。教えを一つひとつ実践し身につけながら、創造の元なる親神様の期待に応《こた》えうる人間として成人を遂《と》げていく過程です。その足取りをしっかりと進めるためには、足元が堅固《けんご》でなければなりません。いくら歩き方を教えられても、足元が不安定であった場合、何か事があると、いつ挫折《ざせつ》してしまうか分かりません。おふでさきで、次のように述べられています。

めへ／＼のみのうちよりのかりものを
しらずにいてハなにもわからん
（三　137）

それぞれの身体《からだ》が、神からの借りものであることを知らなかったならば、教えているところの真実を理解できるはずがない、と諭されたものです。

それほど大事なことなのですが、私たちは、身の内借りものであることに、なかなか気がつかないものです。「無事」や「当たり前」に慣れてしまっているからです。希薄になって知る空気の存在、病んで初めて気がつく身の内の仕組み、ということでしょうか。それを知り、そのことに気がついて、いまさらのように考えてみますと、人間の身体をはじめ、自然の営みがもつ秩序には、ただただ驚くばかりです。それは神秘としか言いようがありません。この事実に「神を見る」経験をもつ人は少なくはないでしょう。それはそうでしょう。すべてが親神様の創造的秩序なのです。私たち人間がつくり出したものは何一つとしてないのですから。

そう考えますと、私たちは親神様に「生かされて生きている」、あるいは「生きさせていただいている」存在であることが分かってきます。この認識と自覚こそが、何にもまして重要であると思います。それは、いわば信仰生活の基礎固めだからです。この点の消息を教えられたのが、「かしもの・かりもの」の教理です。

しかし、ここで、さらに考える必要があります。それをなぜ、親神様の貸しもの、親神様からの借りもの、という言葉で伝えられているのかということです。「親神様のご守護を頂いているからこそ」という自己認識はもとより大切ですが、それでは、この教理を半分しか理解していないのではないかと思います。ことさらに、貸していると言われるのですから、「かしもの・かりもの」を、単に表と裏の表現とみるにとどまらず、親神様を前にした、借りている者としての主体的ありようを思案する必要があると思うのです。借りていることの自覚の深まりを求められていると考えます。たとえば、救済過程における、親神様と私たち人間との呼応関係の筋道を明示されているのではないでしょうか。それが分かって十分ということになると考えます。

ところで、私たち人間が借りると言いますが、そもそも人間とは、心と身体とを併せもつ体系的存在です。心なくして人間とは言えませんし、身体なくしては人間ではないでしょう。そうしますと、親神様から身体を借りる主体は、それぞれの「たましい」ということになりましょうか。たましいが身体をもつことによって、現実に人間として生きることになるのですが、そのところで、たましいの動きが出てきます。それが心です。その心に人間としての主体性を許してあると教えられます。

また、心どおりの守護ともいわれます。人それぞれの多様な人生模様が、その心のあり方によって織りなされていくのです。おさしづで、次のように諭されているところです。

人間というものは、身はかりもの、心一つが我がのもの。たった一つの心より、どんな理も日々出る。どんな理も受け取る中に、自由《じうよ》自在という理を聞き分け。

（明治22・2・14）

ほこりにたとえて心づかいや生き方を戒め

しかるに、人《ひと》は、容易《ようい》にこの理《り》が治《おさま》らないままに、あさはかな人間心《にんげんごころ》から、何事《なにごと》も自分《じぶん》の勝手《かって》になるものと思《おも》い、とかく、己《おのれ》一人の苦楽《くらく》や利害《りがい》にとらわれて、一れつの和楽《わらく》を望《のぞ》まれる親心《おやごころ》に、もとる心《こころ》を遣《つか》いがちである。親神《おやがみ》は、かかる心遣《こころづか》いを、埃《ほこり》にたとえて、戒《いまし》められている。

元来《がんらい》、埃《ほこり》は、吹《ふ》けば飛《と》ぶほど些細《ささい》なものである。早《はや》めに掃除《そうじ》さえすれば、たやすく綺麗《きれい》に払《はら》えるが、ともすれば積《つも》りやすくて、油断《ゆだん》をすれば、いつしか、うずだかく積《つも》りかさなり、遂《つい》には、掃《は》いても拭《ふ》いても、取《と》り除《のぞ》きにくくなるものである。

よろづよにせかいのところみハたせど

あしきのものハさらにないぞや　一　52
一れつにあしきとゆうてないけれど
一寸のほこりがついたゆへなり　一　53

（第七章　かしもの・かりもの　六七ページ）

いくら使うことを許されていたとしても、借りているものは、やはり私のものではありません。貸し主の思いに反した使い方をしていたのでは、たちまちにして問題が生じることでしょう。

人のものかりたるならばりかいるで
はやくへんさいれゑをゆうなり　（三　28）

日常生活における貸し借りのあり方に寄せて諭されたものです。もちろん、親神様は返礼を求められてはいません。陽気ぐらしができるようにという親心から、身の内をはじめ、すべてのものを貸し与えてくださっているのです。私たちの生命は、親神様のご守護の中の存在なのです。その意味では、親神様こそ生命の根源であると言えましょう。このことに対する無知は、ちょうど、根をもたない草木のようなもので、その生命を長く保つことはできません。元をたずねて根源を知り、その意思に沿って生きてこそ、大地にしっかりと根を下ろした草木にたとえられる確実な生き方であると思います。

ところが、それがなかなか難しいのです。とかく自分の知恵や才覚だけに頼ったり、自分中心の勝手な考えに走ってしまうものだからです。「かしもの・かりものの理」を忘れた姿です。親神様は、それを決してお望みにはなりません。そうした心づかいや生き方を、ほこりにたとえて戒《いまし》められています。「悪《あ》しきのものはさらにない」と述べられ、「一寸《ちょっと》のほこりが付いたゆえ」と教えられるのです。

およそ「罪」とか「悪」は、宗教上の重要概念であり、それを追究することによって、その宗教の人間論や救済論に深みをつくっています。ところが、お道においては一見、この点の深い追究が見られないように思われます。付いたほこりは払うことが大事であると言われるのですから。

おそらく、私たちはほこりまみれでしょう。注目すべきは、その悪の掘り下げよりも、そこを抜けてゆく道を明らかにすることに力点が置かれているということです。その点で、ほこりにたとえて教えられている意味は大きいと思います。たとえば、直《ただ》ちに次のような意味の展開もできますし、含みもつ内容は少なくありません。

①人間に固有な悪はなく、ちょっとほこりが付いただけである。（おふでさき一号52・53）

②付いたほこりなら、払い落とすことができる。（二号20、三号98、十三号24）

③しかし、一つひとつのほこりは些細《ささい》なものであっても、放っておけば、いつしか積もり重なり、容易には取れなくなる。

④だから、絶えず気をつけて掃除をし、払い除く努力が必要である。そのためには、親神様の教えに基づき、そのご守護を頂いて、心の道筋を正すことになる。（三号52・53・54）

このような話が伝えられています。

「教祖様が、仰せらるゝに、八つのほこりをとるのは、たやすいものやで、此《こ》の障子《しょうじ》のたてつけが、はしらもまつすぐなら、障子もまつすぐで、ぴたりとそふやろ。けれども、しきゐ《い》の溝に、一粒の豆でもあつたら、たてつけがそふまい。そんなものやで。この豆さへとつたら、ようあふのや。八つのほこりをとるのは、この豆をとるやうなもので、むつかしい事はないでと、聞かせられました」（『正文遺韻抄』二五四ページ）

この話の中に、「八つのほこり」という言葉が出ていました。これは親神様の思召《おぼしめし》に反する、間違った心づかいを反省し、それを改めてゆくための思案の手掛かりを与えられたものです。具体的な事例が八項目示されます。「をしい、ほしい、にくい、かわい、うらみ、はらだち、よく、こうまん」です。そのほか「うそ、ついしょうは嫌い」と述べられていますし、「人を毀《こぼ》つでほこりが立つのやで」（おさしづ　明治23・2・6）などとも戒められています。

反省は容易ですが、実行するのは簡単ではありません。それにつけても、届きそうな所にまで、手を取って教え導いてくださるをやの優しさが胸を打ちます。

いんねんの自覚で積極的な生き方に

き、たくバたつねくるならゆてきかそ
よろづいさいのもとのいんねん　一　6

人間《にんげん》には、陽気ぐらしをさせたいという親神《おやがみ》の思《おも》いが込《こ》められている。
これが、人間《にんげん》の元《もと》のいんねんである。

しかるに、人間《にんげん》は、心《こころ》一つは我《わが》の理《り》と許《ゆる》されて生活《くら》すうちに、善《よ》き種子《たね》もまけば、悪《あ》しき種子《たね》もまいて来《き》た。善《よ》き事《こと》をすれば善《よ》き理《り》が添《そ》うて現《あらわ》れ、悪《あ》しき事《こと》をすれば悪《あ》しき理《り》が添《そ》うて現《あらわ》れる。
世界《せかい》にもどんないんねんもある。善《よ》きいんねんもあれば、悪《わる》いいんねんもある。

（明治二八・七・二二）

（第七章　かしもの・かりもの　七〇～七一ページ）

「心一つが我がのもの」と教えられました。「我がのもの」とは、自由に行使できるという意味を含んでいます。この心一つのあり方を映し出した世界で、私たちの生活は営まれていると言えます。およそ、自由であることには責任の裏打ちがともないます。「……ねばならない」という必然性の中で決定されていることではなく、「これかあれか、あるいは……」という選択の可能性をもっていることだからです。こうして「かしもの・かりもの」の教理と密接にかかわって、「いんねん」の教理が説かれることになります。

「いんねん」は、漢字で「因縁」と表記されます。因とは直接の原因、縁とは間接の原因のことを言います。たとえば、美しく咲く花があるとしましょう。それには種子《たね》があり、それが芽生え、成長し、時を得て花を咲かせたわけです。それまでの過程には、よく肥えた土も熱も水分も必要であったでしょうし、適切な手入れも欠かせなかったことでしょう。種子が因で、その他の条件が縁であることを示した例です。こうした考え方を人生論に当てはめ、一般に言う因縁論が形成されます。基本的には、現れてあるすべての物事を、決して偶然に帰してしまわないで、原因があってのこととする認識です。

ところで、こうした考え方が長い時の流れの中で、ある種の言葉のイメージをつくってきた面があるように思います。たとえば、因果応報というような感覚で現実に根づいたところがあります。人生の危機的場面を因縁であるとして、「だから仕方がない」「当然の報い」などという、消極的な暗く湿った気持ちを誘う言葉にしてきたところがあります。

しかし、お道のいんねん論は、そうではありません。そこを主体的な心の振り向け方に引き寄せながら、克服していく道を提示しています。おさしづに、次のようなお言葉があります。

　どうなってもこうなっても、成るもいんねん成らんもいんねんなら是非《ぜひ》は無い、
と言えば、どうもならん。
(明治36・12・22)

危機的な事態を宿命として消極的に受けとめ、逃げ腰でそれにかかわるのではなく、「我がのもの」としての心の立て直しの中で、よりよき転換を図る道を指し示してくださっています。

いんねんとは、「このように在る」ことのいわれ、根拠を問題にする言葉です。つまり、「在ること」を偶然として無色にしてしまわないで、私のこととして、主体的に引き受けて生きるべきであることを教えられていると考えます。いんねんの自覚ということでしょう。

それは、いま在ることを私のこととして、「どうでもよくはない」「これこそが」という、自分の人生の座標であると確認することだと思うのです。そうした自覚と確認ができてこそ、人生に彩《いろど》りも明るさも出てくると思うのです。私たちは、すべての人間をたすけたいという親神様の思召《おぼしめし》が、あまねく行き渡っている世界に生を得ているのですから。陽気ぐらしをすることができるという「元のいんねん」を、みんながもっているのですから。

「見るもいんねん、聞くもいんねん」（明治23・9・27）というお言葉もあります。このお言葉を味わいながら、見たり聞いたりするつながりの糸を手繰《たぐ》っていきますと、みずからの世界が限りなく広がっていくような実感をもちます。ましてや、「いんねんと言うて分かるまい。皆これ世界は鏡」（明治21・2・15）などというお言葉に接しますと、無縁のもののように広がっている世界が、にわかに一つの意味を帯びてきます。全体の中に一つの位置をもつ、自己存在の意味を見つめて通る生き方が可能になってきます。

したがって、それを他と共に生きるみずからの現実として、引き受けていってこそ、みんなの治まり、全体の治まりをご守護いただけるものと信じるのです。いんねんの教えは、創造の元を語って救済の論理を示された「元のいんねん」に基づいてこそ、その積極的な意味を理解することができると考えます。

たんのうの境地は無条件に喜ぶこと

しかるに、人《ひと》の心《こころ》は常《つね》に変《かわ》りやすい。朝《あした》の心《こころ》は必《かなら》ずしも夕《ゆうべ》の心《こころ》ではない。とかく、身近《みぢか》に起《おこ》る事柄《ことがら》に心《こころ》を動《うご》かされて、朝《あした》に明《あか》るい心《こころ》も、夕《ゆうべ》には暗《くら》くなりがちである。一度《たび》は、教《おしえ》に感激《かんげき》して信仰《しんこう》に志《こころざ》しても、やがて喜《よろこ》び勇《いさ》めなくなることもあれば、折角《せっかく》、たすけて頂《いただ》いても、又《また》も、身上《みじょう》のさわりや事情《じじょう》のもつれで、心《こころ》が動揺《どうよう》する時《とき》もある。この中《なか》にあつて、常《つね》に己《おの》が心《こころ》を省《かえり》みて、いかなることも親神《おやがみ》の思《おも》わくと悟《さと》り、心《こころ》を倒《たお》さずに、喜《よろこ》び勇《いさ》んで明《あか》るく生活《くら》すのが、道《みち》の子《こ》の歩《あゆ》みである。この心《こころ》の治《おさ》め方《かた》をたんのうと教《おし》えられる。

親神《おやがみ》の胸《むね》に抱《いだ》かれ、ひたむきに信仰《しんこう》に進《すす》むものは、我《わ》が身《み》にふりかかるいかなる悩《なや》み苦《くる》しみにも、溺《おぼ》れてしまうことなく、むしろ素直《すなお》に成《な》つて来《く》る理《り》を見《み》つめて通《とお》るから、悩《なや》み苦《くる》しみも、かえつて喜《よろこ》びに転《てん》じてくる。

（第八章　道すがら　七四〜七五ページ）

第八章は「道すがら」です。親神様の「てびき」を頂いて、この道の信仰に入り、「かしもの・かりもの」の教えが理解できて、信仰生活の腰の据わりもしっかりとしてくる。そしてさらに、成人への足どりを進めてゆくのですが、その道程における心の治め方、行動のとり方が説き明かされています。教理のかどめとしては、「たんのう」と「ひのきしん」、および「誠真実」について述べられています。いわば、たすけられてゆく向上の過程、成人への歩みの理念型を示した内容になっていると思います。ここでは、まず「たんのう」について考えてみたいと思います。

信仰することによって、私たちは心の向きを変える努力をします。主体的転換によって、見える世界が違ってくるからです。病む身は例外なくつらいものですが、身を病んでなお、健康な境地を生きる人たちだってあるのです。色眼鏡で見てきた世界と、それを外して見る世界が違う道理であります。

客観的な世界に変わりなくても、思いよう、考えようの如何《いかん》によって、心に映る現実が、良くも悪くも変わってくることは確かです。その意味で、物事の見方、考え方の切り替えが、差し当たっての問題解決にはなるでしょう。

しかし、言うまでもなく、親神様の救済のご守護は、そうした「思いよう」というレベルのことではありません。それは事実としての転換であり、恵みの成就《じょうじゅ》です。そして、それを頂くために、心の向きを親神様の思召《おぼしめし》に合わせゆくことが求められるのです。

人生はいつも順風満帆《じゅんぷうまんぱん》というわけではありません。逆風のために前に進むことができない場合だってあります。そんなときこそ、心の舵《かじ》のとり方が重要になってきます。

私たちは、逆風に難儀をしなければならないようなときの心の治め方として、たんのうという舵のとり方を教えられています。

一般には、「たんのう」を「堪能」と表記し、「足んぬ」の転訛《てんか》したものと見なし、満ち足りることの意味で使っています。お道で言うたんのうは、この意味を背景にもってはいますが、さらに積極的な心の姿勢を表現する教語として用いられています。かつて「足納」と表記されたこともありました。

たんのうとは、たとえそれがどんなことであっても、成ってくることのすべてを、親神様の親心の現れと受けとめ、勇み心をもってそれにかかわる心のあり方であると教えられています。それは、辛抱でも諦《あきら》めでもありません。どんな中でも「結構」と喜ぶところまで徹した心の運び方です。ですから、これは容易にできるものではないと思います。「難儀さそ、不自由さそという親は無い。幾名何人ありても、救《たす》けたいとの一条である」（おさしづ　明治21・6）と仰せになるところを心底から信じ、もたれきってこそ可能なあり方と言えるからです。次のような逸話があります。

慶応《けいおう》四（一八六八）年五月中旬のことです。大雨のため、あちこちで川が氾濫《はんらん》して田や家が流されました。山中忠七《やまなかちゅうしち》先生の家でも、持ち山が崩れ、田地が土砂に埋まってしまうという大きな被害を受けました。早速、教祖に申し上げますと、

「さあ〳〵、結構や、結構や。海のドン底まで流れて届いたから、後は結構やで。信

心していて何故《なぜ》、田も山も流れるやろ、と思うやろうが、たんのうせよ、たんのうせよ。後々《あとあと》は結構なことやで」
とのお言葉でした（『稿本天理教教祖伝逸話篇』二一「結構や、結構や」参照）。

たんのうとは、ある意味では、無条件に喜ぶことなのかもしれません。「ならん中たんのうするは誠、誠は受け取る」（明治30・10・8）と諭される親神様に対する絶対の信頼がなければできることではないと思います。辛抱するのが精いっぱいである自分を反省するばかりです。

信仰生活はひのきしんの日常化から

日々常々《にちにちつねづね》、何事《なにごと》につけ、親神《おやがみ》の恵《めぐみ》を切《せつ》に身《み》に感《かん》じる時《とき》、感謝《かんしゃ》の喜《よろこ》びは、自《おのずか》らその態度《たいど》や行為《おこない》にあらわれる。これを、ひのきしんと教《おし》えられる。

なんでもこれからひとすぢに
かみにもたれてゆきまする
三下り目 7

やむほどつらいことハない
わしもこれからひのきしん
三下り目 8

身上《みじょう》の患《わずら》いをたすけて頂《いただ》いた時《とき》、親神《おやがみ》の守護《しゅご》が切実《せつじつ》に身《み》にしみる。病《や》んだ日《ひ》のことを思《おも》いかえし、健《すこや》かな今日《きょう》の日《ひ》を思《おも》えば、心《こころ》は言《い》い知《し》れぬ喜《よろこ》びに躍《おど》る。身上壮健《みじょうそうけん》に働《はたら》ける幸福《こうふく》を、しみじみと悟《さと》れば、ひたすら親神《おやがみ》にもたれて、思召《おぼしめし》のままにひのきしんに勇《いさ》み立《た》つ。

（第八章　道すがら　七六〜七七ページ）

ハッピ姿で「ひのきしん」にいそしむ情景が、天理教の絵として定着しているようです。あるとき、イタリアから天理を訪れたカトリックの神父さんにお会いしました。「ここには健全な若者が大勢いる」と言って感動していました。その方たちは、カメラをもって世界各地を回り、若い健全な精神を探求しているということでした。案内した私が驚くほどに、若い人たちの姿を懸命にレンズで追っていました。

ところで、その方たちの眼《め》に何が健全であると映ったのでしょうか。それは、ひのきしんをする若者の姿であるというのです。私たちには見慣れた光景です。あらためて考えさせられる思いでした。おそらく、働くことができる喜びの表現を、そこに見たからであろうと思います。自分のためだけではなく、「みんなのために」という視点に立つ行動の美しさを感じとったからではないでしょうか。なんでもない行動の中に秘められた高い精神性を、素早く読みとっておられたのでしょう。私は、その鋭い宗教的感性に、さすがだと感じ入ったことでした。

ひのきしんとは、何よりも「させていただく」心でする行為であると思います。親神様の恵みによって生きさせていただいている喜びが、おのずからに発動し、その思《おぼし》召《めし》に応《こた》えてゆこうとするはたらきであると言えます。そのあり方は、みかぐらうたの中で、見事にうたい上げられています。次のように教えてくださいました。

やむほどつらいことハない
わしもこれからひのきしん
（三下り目　8）

病むつらさはだれもが身にしみて知っています。そのことを思えば、いまの健康が何にも替えがたく喜べてくるはずです。そこへ、「させていただくことができる」という喜びを重ねる行為がひのきしんなのです。ここで大事なことは、親神様への感謝と喜びであります。また、次のようにも述べられています。

よくをわすれてひのきしん
これがだい〳〵ちこえとなる
（十一下り目　4）

ひのきしんは自分のための、その利害得失の計算に立った行為ではありません。欲の心を離れたはたらきであると諭されるのです。人間相互にみるギブ・アンド・テイクの次元のことではないからです。それはあくまでも、親神様を志向した行いであって、人間を目標にしたはたらきではないからです。そして、さらに示されています。

みれバせかいがだん〳〵と
もつこになうてひのきしん
（十一下り目　3）

モッコ担っての土持ちが、ひのきしんの代表的な姿と見なされてもいますが、それは理由のないことではありません。土を担って運ぶことは、いわば単純な作業であって、仕事の量を問うわけでもありませんし、気持ちさえあれば、だれでもできることです。問題は、勇んで実行する意志があるかどうかなのです。また、このようにも教えられます。

ひとことはなしハひのきしん
にほひばかりをかけておく
（七下り目　1）

言葉には、つなぐ言葉もあれば切る言葉もあります。ひと言の言葉にも気をつけて、常に他を生かし、喜ばせてゆく心を込めるならば、そこにもまた、ひのきしんの姿を見ることができると諭されています。

大切なのは、こうした生き方を単に自分一人の信条にとどめることなく、自他相たずさえて、そのつながりの輪を限りなく広げてゆくことです。そのことを、「夫婦そろって」という言葉で示してくださっていると思います。そこに明るい世界の展開が期待されます。

ふうふそろうてひのきしん
これがだい、ちものだねや
（十一下り目　2）

ひのきしんは特定の行為を指すものではありません。神恩報謝の心から出る行為のすべてを言います。信仰生活とは、まさしく、ひのきしんの日常化を目指した生き方であると考えます。

みな我が子との親心を知り、誠真実の道へ

いま、でハせかいぢうハ一れつに　めゑ／＼しやんをしてわいれども　一二 89

なさけないとのよにしやんしたとても　人をたすける心ないので　一二 90

これから八月日たのみや一れつわ　心しいかりいれかゑてくれ　一二 91

この心どふゆう事であるならば　せかいたすける一ちよばかりを　一二 92

この篤《あつ》い親心《おやごころ》に、そのまま添《そ》いたいと念《ねん》ずるにつけ、人《ひと》の難儀《なんぎ》を見《み》ては、

じっとしておられず、人《ひと》の苦《くる》しみをながめては、看過《みすご》すことが出来《でき》なくなる。自分《じぶん》に出来《でき》ることなら、何事《なにごと》でも喜《よろこ》んで行《おこな》い、なんでも、たすかって貰《もら》いたいとの言行《げんこう》となる。

（第八章　道すがら　八〇〜八一ページ）

もう一点、「誠真実」ということについて言及しておきます。

人間のはたらきのすべてを、行い（身）と、言うこと（口）と、心（意）とに分けて説明することがあります。身・口・意の三業《さんごう》と、仏教などで言っているところです。それはともかく、いずれにしても、この三つのはたらきが一致していることが理想とされます。思っていることと言うこととが裏腹であったり、口にすることと行動とがまるで違っていたのでは、その人を信頼できるはずがありません。それが誠真実に貫かれて一体であってこそ、「なるほどの人」と言えましょう。

このことを、教典では「たんのうの心が治《おさま》り、ひのきしんに身が勇んで、欲を忘れる時、ここに、親神の思召《おぼしめし》にかなう誠真実があらわれる」（七九ページ）と説明されています。「誠」も「真実」も、一般にほとんど同じ意味で使われています。嘘《うそ》、偽《いつわ》りがないこと、本当のこと、という意味です。心の面で言えば、真心ということでしょうか。

原典ではこれが、それぞれ単独で用いられたり、また、このように熟語として使われていますが、同意語を重ねた用法の中に、この言葉をもって教えられることの重要性を感じとることができます。

お道の教理体系の中に位置づけて言えば、それは親神様の思召をはっきりと映し出すことができる、曇《くも》りない澄んだ心と行いであると思います。親神様のお心が目に見えて分かり、それに素直に応《こた》えるあり方であると思うのです。さらに具体的に言い換えると、他の人をたすけたいと願い、それを無条件に実行する姿であると言えます。おかきさげの中で「人を救《たす》ける心は真の誠一つの理で、救ける理が救かるという」と諭されているところです。引用した教典の本文の中に見られる四首のおうたに注目しなければなりません。

私たちはみな、それぞれ幸福な人生を夢みて精いっぱいの努力をしています。しかし、ここでは、その努力の方向づけや思案の仕方について、根元からの転換を求められているのです。つまり、その努力が自分の幸福を追求するばかりで、人の幸福を視野に入れていないことを指摘されているのです。そのことに対するをやとしての嘆きも述べられています。そして、その心を改めて、他をたすけるばかりの心になるように促されます。

親神様の眼《め》から見れば、みんな可愛《かわい》い我が子なのです。そして、他の人も自分と同じように、一生懸命に幸福を追求しているのです。ですから、この認識を欠いた思案をいくら重ねたとしても、真の幸福に手が届くはずはありません。私たちはみな、例外なく一緒に生きているのに、とかくその事実を無視し、自分さえよければよいという道を走ってしまうからです。みんな我が子と思召《おぼしめ》される親神様のお心を知れば、他の人の人生と自分の人生の重みが一つであることが自覚され、実《じつ》をともなってきます。そのことの理解と思案に立った行いを、誠真実と言うのではないでしょうか。親神様に受けとっていただける姿です。おふでさきに、

口さきのついしよばかりハいらんもの
心のまこと月日みている　（十一　8）

と諭されています。また、おさしづのお言葉に、「誠が心の錦である」（明治20・11・18〈補遺〉）ともありますし、

これからハうそをゆうたらそのものが
うそになるのもこれがしよちか　（十二　112）

とも戒《いまし》められています。私たちは、自戒を怠《おこた》らず、嘘《うそ》の人生、実のない生き方に転落しないようにしなければなりません。それと同時に、「誠は神が十分付き添うて守りてやろう」（明治33・5・7）と教えられる誠真実の道を見つめて、しっかり歩いてゆきたいものです。

陽気ぐらし世界建設に必要な用材

たすけて頂《いただ》いた喜《よろこ》びは、自《おのずか》ら外《そと》に向《むか》つて、人《ひと》だすけの行為《おこない》となり、ここに、人《ひと》は、親神《おやがみ》の望《のぞ》まれる陽気ぐらしへの普請《ふしん》の用材《ようざい》となる。これをよふぼくと仰《おお》せられる。

親神《おやがみ》は、一れつたすけの切《せつ》なる思《おも》わくから、多《おお》くのよふぼくを引《ひ》き寄《よ》せようと急《せ》き込《こ》まれる。

一寸はなし神の心のせきこみハ
よふぼくよせるもよふばかりを　三 128

よふぼくも一寸の事でハないほどに
をふくよふきがほしい事から　三 130

この人をどふゆう事でまつならば
一れつわがこたすけたいから

一三　85

（第九章　よふぼく　八四〜八五ページ）

第九章は「よふぼく」と「教会」について述べられています。第六章の「てびき」から始まり、章を追って次第に成人してゆく過程が直線的に説明されていました。そしてここで、「よふぼく」の自覚に立ってつとめるところに、さらに高く燃焼する信仰生活があることを教えられます。

よふぼくとは、おふでさきに「よふ木」「よふぎ」などの表記を見ますし、文脈をたどっても「用木」であることが分かります。これは、親神様の救済の思召《おぼしめし》である陽気ぐらし世界の実現を、普請《ふしん》の譬喩《たとえ》をもって教えられる場合の用語です。つまり普請の用材のことです。関連した表現としては、「真柱」も「棟梁《とうりょう》」も、また「石」という言葉も見いだされます。

たとえば、家を建築する場合、たくさんの用材が必要です。一れつたすけのために、多くの「よふぼくよせるもよふばかりを」と述べられるところです。その用材にしても、使用する目的や場所に合わせて選び集められます。それらが設計どおり、適材適所に使われてこそ、立派な家が建ち上がります。

これと同じように、よふぼくにも親神様の思わくによる持ち場、立場があると考えることができます。そうしますと、私たちには、たとえどんな所にいるとしても、みんな、陽気ぐらし世界建設に必要な用材として引き寄せられ、その役割を担うものであるという自覚が求められるはずです。その大きな使命を意識する者としては、社会的な立場の上下などは、もはや虚像にすぎなくなります。まして、男女の違いなど問題になるはずもありません。「女松《めまつ》男松《おまつ》は問わない」（おふでさき七号21参照）と言われます。ひと言付け加えますが、このように言われた時期、つまり、まだ意識に封建制の尾を引いていたころ、このお言葉がもつ意味は想像をはるかに超えて大きかったと思います。

さて、普請の用材として選ばれていることを自覚するならば、私たちは何よりもまず親神様の思召、いわば普請の設計図にしたがって、その役割を果たさなければなりません。それにふさわしく自分の資質を磨く必要があります。また親神様も、そのことに手を添えてくださいます。いわゆる「ていれ」です。こうして、十分に役割を果たすことができる用材に仕上げられてゆきます。たとえば、身上のさわりも難渋な事情も、人間としての本来の「いのち」に力を与えるものであると教えられています。

そのいのちとは、親神様のお心を素直に映して存在するものであると言えましょう。また、前にもふれましたが、誠真実の生き方、自分がたすかりたいという願いを、人にたすかってもらいたいとの願いに切り替えた生き方であると言うことができます。親神様はその誠真実にのって、世界たすけの実《じつ》を見せてくださいます。その親神様からの負託を自覚し、それに応《こた》えてはたらく者こそ、よふぼくであると教えられているのです。その最も端的な姿を、「おさづけの理」を戴《いただ》いた者のあり方に求めることができます。「天理教教規」第四十三条に、「信者で、さづけの理を拝戴《はいたい》した者をよふぼくという」と規定されているゆえんです。その意味では、よふぼくの姿に、天理教の理想的人間像を見つけることができるのではないでしょうか。

したがって、この規定にかかわらず、よふぼくは、この道の信仰者すべてが目指すべき求道の目標であると言うことができましょう。人をたすけたいという思いを足元から実行するよふぼくの努力が、ついには、世界たすけへと波紋を広げてゆくことを銘記したいと思います。それと同時に、陽気ぐらし世界の普請は、すべての人間が互い立て合いたすけ合うよふぼくとなることにより、みんな寄り合って組み上げるものであると考えるのです。そのように教えられていると思います。

教会は国々所々の陽気ぐらしの手本雛型

よふぼくとしての丹精《たんせい》の効《こう》があらわれ、道《みち》を求《もと》めるものが、次第《しだい》に相寄《あいよ》り相集《あいあつま》つて、教会名称《きょうかいめいしょう》の理《り》が許《ゆる》される。それは、なんでもという精神《せいしん》の理《り》に許《ゆる》されるもので、よふぼくの役目《やくめ》は、ここに一段《だん》と光《ひかり》を添《そ》える。

教会《きょうかい》は、神《かみ》一条《じょう》の理《り》を伝《つた》える所《ところ》であり、たすけ一条の取《と》り次《つ》ぎ場所《ばしょ》である。その名称《めいしょう》の理《り》を、真《しん》によく発揚《はつよう》するには、ここに寄《よ》りつどうものが、ぢばの理《り》に添《そ》い、会長《かいちょう》を心《しん》として、心《こころ》を一つに結《むす》び合《あ》うのが肝腎《かんじん》である。かくて、教会生活《きょうかいせいかつ》は、国々所々《くにぐにところどころ》における人々《ひとびと》の和楽《わらく》を深《ふか》め、互《たがい》に扶《たす》け合《あ》いつつ、心《こころ》の成人《せいじん》を遂《と》げる陽気ぐらしの雛型《ひながた》となる。

（第九章　よふぼく　九〇～九一ページ）

さらに、教会についての説明が続いています。教会という言葉は一般に、信仰を同じくする者の集まりという意味で使われます。それと同時に、また、信者が集まって参拝する場所や建物を指して言うことがあります。どちらかと言えば、この言い方をするほうが多いかもしれません。それぞれ、宗教教団によって言葉は違っていますが、「集まり」の意味をもっているところは共通しています。しかし、ここで「教会とは何か」を論ずる場合には、もちろん、場所や建物そのものについて言うものではありません。よふぼくが集うところの意義やあり方を問題にすることであります。

教会はまた、教会名称の理とも、単に名称の理とも呼ばれます。現実に、同じ道を求める者が集まる所、「天理教○○教会」の呼称をもって設置を許されることに由来するものでありましょう。

その教会名称の理は、親神様の思召《おぼしめし》を体して世界たすけにつとめる、よふぼくの誠真実を寄せ合って願い出るところに許されます。ですからそれは、よふぼくとしてのはたらきの結実でもありますし、また、そのはたらきのよりどころとも言えます。教会の意義として、「神一条の理を伝える所であり、たすけ一条の取り次ぎ場所である」

と述べられるゆえんです。つまり、親神様の救済の思召を世界へ伝え広める拠点であり、また、救済の守護が展開するその土地所における、いわば発信基地ともなるのです。

おふでさきの中で、「神のうちわけばしよ」という言葉を見ることができます（二号13～16参照）。ここで教えられている話が、具体的に何を指しているのか、定説はありませんが、少なくとも単純に言い換えて、「親神様の救済の真理とおはたらきを打ち分ける場所（したがって、それを分けもつ所）」であると理解することは可能だと思うのです。そうしますと、そこから教会の理念を汲《く》み上げて、教会がもつべき課題や使命を確認することもできるように思います。

教会は、この道を通る者の土地所における組織でありますから、みなが寄って相乗的に信仰の喜びを増幅させるうえで、有効に機能することが多いと思います。しかし、それが教会の真の意味とは言えません。教会は何にもまして、そこに集うよふぼくが、一手一つに定めた真実の願いに対し、親神様から許された名称の理だからです。

こうして、教会は親神様・教祖の、いわば出張り場所であることが明らかになります。だからこそ、それは一れつたすけの根源であるぢばの理を受け、親神様・教祖の救済の守護を無限大に放射してゆく過程の基点ともなるのです。「本部という理あって他に教会の理同じ息一つのもの」(おさしづ 明治39・12・13)と教えられています。

そのあたりの意味を突き詰めれば、「たすけ一条の道」として教えられたおつとめの勤修《ごんしゅう》こそ、教会の生命であると言わなければなりません。おつとめを通してぢばに帰一し、おつとめによってぢばの理を世界に映し、救済の実《じつ》を示してゆく。これが、あるべき教会の姿であると言えます。国々所々における陽気ぐらしの手本雛型《ひながた》を示すことにもなります。

まさに教会は、「ぢばに一つの理があればこそ、世界は治まる」(明治21・7・2)ことの真実を実証してゆく使命を担うものであると言えましょう。

ある時、教祖が「……六十七才より神の世帯をしたで」(梶本宗太郎「教祖様のお話」〈『復元』二十二号所収〉)と仰せられました。教祖六十七歳といえば、元治元(一八六四)年、つとめ場所の普請《ふしん》があった年です。この年には「扇のさづけ」や「肥のさづけ」をお渡しくださっています。いよいよ積極的な世界たすけのおはたらきが、はっきり表面に出てきています。そう考えると、この「神の世帯」というお言葉が示唆《しさ》するところは、教会のあり方を求めるうえで重要であると思うのです。

夢のある、勇み心で喜びをつくる世界

親神《おやがみ》は、陽気ぐらしを見《み》て、共《とも》に楽《たの》しみたいとの思《おも》わくから、人間《にんげん》を創《はじ》められた。されば、その思召《おぼしめし》を実現《じつげん》するのが、人生《じんせい》の意義《いぎ》であり、人類《じんるい》究極《きゅうきょく》の目的《もくてき》である。

いつまでしん〴〵したとても
やうきづくめであるほどに
五下り目　5

明《あか》るく勇《いさ》んだ心《こころ》、それは陽気《ようき》な心《こころ》である。この陽気《ようき》な心《こころ》で日々《にちにち》を送《おく》るところに、真《しん》の幸福《こうふく》があり、生《い》き甲斐《がい》がある。いか程《ほど》長《なが》く道《みち》をたどつても、心《こころ》が勇《いさ》まずに、いずんでいては、親神《おやがみ》の心《こころ》にかなわぬ。親神《おやがみ》の守護《しゅご》のままに、日々《にちにち》、喜《よろこ》びと楽《たの》しみの中《なか》に生活《くら》すのが、人《ひと》の世《よ》のこの上《うえ》ない味《あじわい》である。

閉《とざ》された心《こころ》の窓《まど》を開《ひら》き、遍《あまね》き親神《おやがみ》の光《ひかり》を身《み》に受《う》ける時《とき》、自《おのずか》ら暗《くら》い迷《まよ》いの雲《くも》は晴《は》れて、明《あか》るい喜《よろこ》びの中《なか》に立《た》つ。陽気ぐらしとは楽《たの》しみづくめの生活《くらし》である。

（第十章　陽気ぐらし　九二～九三ページ）

天理教の救済観において、目標とされているのが「陽気ぐらし」です。教典でも、終章は「陽気ぐらし」となっています。

人間は親神様によって創造されました。創造者である親神様は、主体的に生きて陽気ぐらしをする人間を期待されました。第三章「元の理」で説明されているところです。ですから、この思召《おぼしめし》を実現して期待に応《こた》えることが、私たちの生きる意味になってきます。陽気ぐらしこそ、すべての人間にとっての理想の人生ということです。

では、陽気ぐらしとは、どのような生き方なのでしょうか。これまでを振り返って言うならば、それは成人次第に見えてくる世界ということになるのでしょうか。道の理を求める中で点じられた救済の灯火《ともしび》が、世界を明るく輝いたものにするのです。その灯火は、よふぼくの手により、次々と他に点じ広げられてゆきます。親神様がよふぼくの精神にのってご守護くださるからです。世界の立て替え、陽気ぐらし世界への歩みが、こうして進められてゆきます。そして、その先に見せていただける世界は「陽気づくめ」「楽しみばかり」であると教えられます。

たとえば、農作物はいつも豊作で安定した収穫を見ることができるし、謀反《むほん》・対立や病の根は切れて、百十五歳と定められた寿命を全《まっと》うするまで、病まず、死なず、弱らずに暮らすことができる。そして、望むならば、もっと長く生きられる、とも述べられます。

教祖はさらに、具体的にいろいろな話をしてくださいました。そのいくつかをあげてみます。次のような話が伝えられています。

「今に、ここらあたりがひらけて、八町四方になれば、その中に八棟《やむね》の家が建てられて、八種《やいろ》の店屋が出来るようになる、そしたら、何《なん》でも、わざわざ外まで買いに行かなくてもよいで」

「この道をどこまでもつけ通したら、百姓は蓑笠《みのかさ》要《い》らず、雨が多ければ雨を預《あず》かってやる。雨が欲しければ一村限り、一軒限り、一人限り。何時《いつ》でもやるで。心次第」

「今に人間が鳥のように空を飛んだり、針金がものを言うようになんねで」

「この道をつけ通したならば、世界中どこへ行くにも、傘《かさ》も、提灯《ちょうちん》も要らず、日が暮れたら先に提灯がある。小遣銭《こづかいせん》もなくて通れる様になる」

「人間の徳が進んで来ると、夫婦の中に子供は男一人女一人だけ授けるで。半日は陽気勤め、半日は陽気遊び」

　こうしたお話は、金子圭助《かねこけいすけ》氏の「教祖の『陽気ぐらし』像――教祖の口伝《くでん》をたずねる」（『みちのとも』立教157年1月号）の中に紹介されています。

　いずれも、ごく卑近《ひきん》な生活の場面に例をとって、そのようにあったらと願う状態が語られています。こうして予言された話の一部は、今日すでに技術的に解決され、実現を見ているといえるかもしれません。

　しかし、そのことをもって直《ただ》ちに、目標に近づいているとするのは早計と言わなければなりません。陽気ぐらし世界は、このように個別的に示された姿を合算して得られる全体像だけではないと思うからです。もちろん、教えられた姿は、そのひとコマに違いないとしても、固定して動かない極楽絵図とは考えません。

この話を直接聞かせていただいた人にとって、おそらく、それは憧《あこが》れであり、夢の世界であったと想像します。そうなのです。夢を与え、勇み心をもたせてくださったのだと思います。

「陽気づくめ」「楽しみばかり」の陽気ぐらしとは、このように、夢のある、常に勇み心をもって喜びをつくってゆく創造的な「暮らしの動態」であると考えます。そんな人生が、親神様に導かれて歩む行く手に見えてくるような気がします。

「共に」つながり合い、たすけ合う姿

陽気ぐらしは、他《た》の人々《ひとびと》と共《とも》に喜《よろこ》び、共《とも》に楽《たの》しむところに現《あらわ》れる。皆々《みなみな》心勇《こころいさ》めば、どんな理《り》も見《み》え、どんな花《はな》もさく。

皆《み》んな勇《いさ》ましてこそ、真《しん》の陽気《ようき》という。めんへ楽《たの》しんで、後々《あとあと》の者《もの》苦《くる》しますようでは、ほんとの陽気《ようき》とは言《い》えん。

（明治三〇・一二・一一）

人《ひと》は、ややもすれば、我《わ》が身《み》勝手《かつて》の心《こころ》から、共《とも》に和《わ》して行《ゆ》くことを忘《わす》れがちである。ここには、心澄《こころす》みきる陽気ぐらしはなく、心《こころ》を曇《くも》らす暗《くら》い歩《あゆ》みがあるばかりである。

勝手《かつて》というものは、めんへにとってはよいものなれど、皆《みな》の中《なか》にと

っては治《おさ》まる理《り》にならん。
（明治三三・一一・二〇）

一つに心合《こころあわ》せるのは、一つの道《みち》の理《り》に心《こころ》を合《あわ》せることで、この理《り》を忘《わす》れる時《とき》は、銘々勝手《めいめいかって》の心《こころ》に流《なが》れてしまう。
（第十章　陽気ぐらし　九三〜九四ページ）

陽気遊びと言えば、今日《きょう》もあちらへ遊び行く、何を見に行く。陽気遊びとは、目に見えたる事とはころっと格段が違うで。
（明治23・6・20）

これは、おさしづの一節ですが、驚くほど具体的なお諭しです。陽気に暮らすということは、たとえば、あちらこちら見物に行って楽しむというようなことではない。そうした目に見える世界のこととは本質的に違うと教えられています。たしかに、いくら人が羨《うらや》むような生活の条件がそろっていても、それが生きる喜びに、直《ただ》ちにつながってはいきません。客観的な「モノ」の世界は、私たちの心次第に、親神様が見せてくださるお与えの世界であり、ご守護の姿です。問題は心のあり方です。したがって、幸福であるかどうか、喜べるか喜べないかの決め手は、心に求められることになります。これまでに述べてきたところです。

ところで、陽気ぐらしについて話題にする場合、もう一点、見落としてはならないものがあります。それは「共に」という視点です。楽しみにしても喜びにしても、自分中心の、自分勝手なものであったなら、ついには他とぶつかって、たちまちにして壊れてしまいます。人間の暮らしは、一人だけで成り立つものではありませんし、みなでつくる社会にしても、それは単なる個の集合ではないからです。

「この世は神のからだ」であると教えられています。宇宙の秩序を前にして、多くの科学者がその神秘に目を見張ります。小宇宙ともいわれる人間の身体《からだ》一つをとってみても、それは明らかです。その統合体としての秩序の存在に、粛然《しゅくぜん》とするところがあると言います。それは、いろいろなものを、ただ集めて成り立っている世界ではありません。有機的につながって一つの体系をなしているのです。これが「神のからだ」と教えられているご守護の姿であると言えましょう。

私たちはここに、存在するものすべてに対する親神様の思召《おぼしめし》を読みとることができるのではないでしょうか。人間はその思召に沿い、ご守護の筋道にのって暮らす必要があります。

そこで、こんなふうにも考えるのです。他とのつながりを切って自分を主張するばかりでは、秩序を乱し調和を損ないます。統合体の秩序を壊してしまえば、必然的に自分の存在の場も不安定になります。まさしく、つながりこそ大事だと思うのです。教祖のお話として、次のようなお言葉が伝えられています。

「世界は、この葡萄《ぶどう》のようになあ、皆、丸い心で、つながり合《お》うて行くのやで」

（『稿本天理教教祖伝逸話篇』一三五「皆丸い心で」）

親神様の思召を軸にして、みんながつながっている姿に陽気ぐらしの縮図を見ることができるように思います。

ところで、つながり合うためには、まず、他の中に自分を投影し、そこに自分を見ることです。そうすれば、自己中心の指向性は、他との関係の中で次第に消化され、やがては、たすけ合いに向けて昇華《しょうか》されていくのではないでしょうか。子供がたすけ合う姿は親の望みであります。ですから、親神様はそれを受け取って、救済の守護をお見せくださいます。おふでさきで、次のように示されます。

このさきハせかいぢううハ一れつに
よろづたがいにたすけするなら（十二　93）
月日にもその心をばうけとりて
どんなたすけもするとをもゑよ（十二　94）

以上、この章の主題である陽気ぐらしについて、その要点を述べました。

「惟《おも》うに、親神が、……」（九八ページ）以下の最後の段落は、教典全体のまとめです。第一章から十章に及ぶ展開の筋がよく見える記述になっています。

最後にひと言。教典の内容は、原典に基づいて、親神様の教えを体系的に説明したものです。その意味では、原典への案内書とも言えましょう。天理教信仰は、原典の中で親神様・教祖との対話を重ねながら充実していきます。教典に親しみ、原典の世界に深く分け入って、信仰の「いのち」を豊かにしたいと思います。

あとがき

かなり以前、『天理時報』に連載させていただいた「かなの教え――おふでさき入門」（立教一五二年一月～十二月）と「『天理教教典』をひもとく」（立教一六〇年一月～十二月）を一冊にまとめていただいたものです。どちらも字数にしっかり制限がある囲み記事であったから、議論に掘り下げが足りないところも目につきます。

特に「おふでさき」の読みに、粗《あら》さを感じるところがあるかもしれません。この論考が、「おふでさき」の世界に存在する体系を真正面から追究したものではないからです。よちよち歩きの信仰生活の中で、ふと立ち止まって読み返した「おうた」を取り上げて話題にしたものだからです。通して順序どおりに拝読するべきであって、このような拾い読みは本当の読み方ではないのかもしれません。それは「私のおふでさき」

とても言われるものになってしまっているのかもしれません。

ましてや、全体の一割にも満たないおうたを読んだだけで「おふでさき」を語ることは、無謀《むぼう》のそしりを免《まぬか》れることはできないでしょう。しかし、たとえば、一首のおうたに心ひかれ、それを頼りに「おふでさき」の門を叩《たた》こうとすることは、かならずしも間違いではないと思うのです。そんな思い、そんな願いをもって、一首一首のおうたを大事に拝読したつもりです。

「『天理教教典』をひもとく」においても、同様のことが言えます。百ページに及ぶ本文の内容の、要所要所を切り取って解説を試みたものだからです。その解説も、時代を十分に呼吸したものであることが望まれますが、この論考では、かならずしもその点が十分であったとは言えません。時代を導く教理展開の足りなさが気になります。けれども、書いたそのときは精いっぱいでした。参考にしていただけるところがあれば、望外の幸せです。

末筆になりましたが、見出しの設定、文字や表現の整理・統一など、面倒な編集作業でお世話になった道友社の皆様に、心からお礼を申し上げます。

立教百六十九年一月

中島秀夫

中島秀夫（なかじま・ひでお）

大正15年（1926年）愛知県生まれ。昭和24年（1949年）、東北大学法文学部哲学科（宗教学・宗教史専攻）卒業。同年、天理高等学校教諭。同25年、天理大学宗教文化研究所勤務。その後、天理大学へ移り、同43年から教授を務めた。現在、天理大学名誉教授。

著書に『母ひとり海を渡る』『試論 天理教の神観』『総説天理教学』、共著に『おさしづ研究』『天理教教典講座』『誠という思案』『ひながた紀行』『みかぐらうたの世界をたずねて』などがある。

かなの教《おし》え　「おふでさき」「天理教教典《てんりきょうきょうてん》」入門《にゅうもん》

立教169年（2006年） 3月1日　初版第1刷発行

著者　中島秀夫

発行所　天理教道友社
〒632-8686　奈良県天理市三島町271
電話　0743(62)5388
振替　00900-7-10367

印刷所　株式会社 天理時報社
〒632-0083　奈良県天理市稲葉町80

©Hideo Nakajima 2006

ISBN4-8073-0506-9
定価はカバーに表示